KB269621

인생, 뜨겁게 KISS하라

박영일 지음

HANEON.COM

인생, 뜨겁게 KISS하라

펴 냄   2006년 7월 15일 2판 1쇄 박음 / 2006년 7월 20일 2판 1쇄 펴냄
지은이   박영일
펴낸이   김철종
펴낸곳   (주)한언
         등록번호 제1-128호 / 등록일자 1983. 9. 30
주 소   서울시 마포구 신수동 63-14 구 프라자 6층 (우 121-854)
         TEL. 02-701-6616(대) / FAX. 701-4449
책임편집   한언출판기획팀
디자인   원미정 mjwon@haneon.com
홈페이지   www.haneon.com
e-mail   haneon@haneon.com

ISBN 89-5596-328-9   03320

인생, 뜨겁게 KISS하라

인생, 뜨겁게 KISS하라

우리 세대의 가장 위대한 발견은
태도를 바꿈으로써 자기 인생을 스스로 바꿀 수 있다는 사실이다.

| 윌리엄 제임스*William James* |

변화 속 개인의 선택

　세상은 빠르게 변하고 있다. 특히 대한민국의 변화는 다른 나라의 추종을 불허한다. 현재 우리 사회의 변화를 주도하는 디지털 트렌드는 사회·문화·경제 등 모든 분야에 걸쳐 거대한 변화의 소용돌이를 일으키고 있다. 이러한 트렌드에 발빠르게 대처하지 못하는 사람들은 변화를 그저 물끄러미 바라만 보거나 애써 외면할 것이다. 요즘처럼 급변하는 세상에서 미래를 정확하게 예측하기란 결코 쉬운 일이 아니다. 이러한 때일수록 남보다 먼저 변화를 예측하고 대처한다면 자신의 미래를 장밋빛 인생으로 바꿀 수 있을 것이다. 따라서 우리는 변화를 이해하고 적응함으로써 자신에게 유리한 기회로 만들어야 한다.

미래가 불확실한 시대에는 자신을 경영하는 사람이 성공한다. 내가 정말 원하는 것은 무엇이며 그것을 위해 얼마만큼의 효율적인 시간과 열정을 바치고 있는지 스스로 묻고 그것을 이루기 위해 행동해야 한다. 또 주위 동료들과의 경쟁보다는 스스로의 가치를 높이는 데 주력해야 한다. 끊임없는 학습과 자기계발에 힘쓰다보면 자신도 모르는 사이 살아가는 데 필요한 능력이 지속적으로 향상될 것이다.

이 책은 급격하게 변화하는 디지털·글로벌시대에서 경쟁의 소용돌이에 내몰린 개인들이 주변상황에 어떻게 능동적이고 주체적으로 대처해야 하는지를 체계적으로 보여주고 있다. 저자는 변화와 혁신시대의 경영마인드와 생존전략을 크게 4가지 주제로 나누어 설명하고 있다. 첫째, 변화의 중심에 서 있어야 한다. 둘째, 개인의 부가가치를 높이는 데 힘써야 한다. 셋째, 고객을 감동시키는 조직원이 되어야 한다. 넷째, 성공하는 리더를 지향 해야 한다.

많은 CEO들은 올해의 경영 핵심키워드를 혁신·성공·도전으로 삼았다. 다이나믹하게 변화하는 한국사회에서 '개인이 성공한다는 것'은 자기만의 독특한 경쟁력을 가지고 주위환경에 도전해 주어진 삶을 경영해나간다는 의미와 일맥상통하기 때문이다. 스스로 CEO가 되어 성공시대를 살고 싶은 당신에게 이 책은 주옥같은 발췌문, 국내외 유수한 기업 및 경영인의 사례, 그리

고 저자의 직장경험 등을 통해 '전략적 경영사고'를 설명해준
다. 직장생활을 처음 시작하는 사회 초년생들과 매너리즘에 빠
져 무기력한 삶을 살고 있는 많은 이들에게 훌륭한 '지침서'가
되리라 믿는다. | 이명식 (상명대 경영학부 교수)

성공의 길을 찾는 당신에게

대형 할인매장에 가면 똑같은 종류의 물건들이 많이 진열되어 있는 것을 볼 수 있다. 그래서 사람들은 종종 물건을 선택하는 데 적지 않은 시간을 할애한다. 선택의 여지가 많기 때문이다. 그 선택의 장에 진열된다는 것은 선택될 가능성도 있지만 버려질 가능성도 있다는 의미다. 사람도 마찬가지다. 한 사람이 가진 능력이 다른 사람들의 능력과 동등하거나 차이가 없을 때 그는 다른 사람으로 대체가능한 존재다. 냉정하지만 이것은 엄연한 현실이다. 이제 남과 차별되지 않는 능력을 가진 사람들의 설 자리는 점점 좁아지고 있다. 그러나 단순히 남들과 다른 능력이 개인의 가치를 높여주지는 않는다. 시대의 변화흐름을 파악하고 그에 맞게 자신을 변화시키려는 노력이 필요하다.

　필자는 일선금융지점과 연수원에서 만난 고객과 교육생들과의 상담을 통해 개인이 성공하기 위해서는 변화해야만 한다는 사실을 절실하게 느꼈으며, 성공적으로 조직을 운영하는 일 역시 개인의 변화에 달려있다는 것을 다시 한번 인식하게 되었다. 그러한 경험을 통해 얻은 지식을 바탕으로 독자들이 변화를 통해 자신의 잠재력을 충분히 발휘하고 지혜롭게 살 수 있도록 돕고자 이 책을 내놓게 되었다.

　변화는 실용적이어야 한다. 단순히 생각의 변화로 그칠 것이 아니라 자신의 몸값을 높여주는 구체적인 행동으로 나타나야 한다. 미래사회에는 개인이 가진 지식이 무엇이냐에 따라 몸값이 높아질 것이다. IT기술의 발전은 넘치는 정보를 가져다주었지만 오히려 사람들을 평준화하였다. 따라서 자신만의 차별적인 지식을 소유한 사람이 환영받게 되고, 그것을 다른 사람과 효율적으로 공유하여 새로운 부가가치를 창출할 수 있는 노하우를 가진 사람만이 몸값이 높아지게 된다. 몸값이 높아진 개인은 조직에서 목표달성을 위해 리더로서 구성원들을 효과적으로 이끌어야 한다. 그러나 꼭 리더의 위치가 아니더라도 각자가 자신의 자리에서 리더십을 발휘한다면 그 조직은 활기가 넘칠 것이다.

조직이 최고의 결과를 얻기 위해서는 내부의 변화도 중요하지만 외부고객을 대하는 것 또한 빼놓을 수 없다. 외부고객의 반응이 조직의 생존과 직결되는 경우도 있기 때문이다. 고객의 마음을 움직이는 마케팅전략과 감동서비스로 조직의 이미지를 높이고 경쟁력을 길러야하며, 이 모든 전략을 개인과 조직에서 한정하지 말고 폭넓게 조정하여 세계화시대에 발맞춰야 한다. 또 무한경쟁에서 자기경영을 성공적으로 이끌어가는 리더가 되기 위해 전략적 지혜와 덕목이 무엇보다 중요하다.

누구나 자신의 몸값을 높이고 경쟁력을 키워야 한다고 인식한다. 그러나 구체적인 행동지침이나 방향을 몸에 익히지 못한다. 이 책은 당신의 몸값을 높이고 변화에 현명하게 대처하여 성공하는 리더가 될 수 있도록 만들었다. 1장에서는 급변하는 사회를 파악하여 '어떻게 변할 것인가'를 묻고 2장에서는 개인이 몸값을 높이기 위한 구체적인 사항들을 정리하였다. 3장에서는 조직 외부에서 고객을 감동시켜 성과를 올릴 수 있는 방안을, 마지막 4장에서는 몸값이 높여진 개인이 조직에서 뛰어난 리더로서 활약할 수 있는 방안을 정리하였다. 부디 독자들이 이 책을 통해 스스로를 변화시켜 새로운 인생을 맛보는 쾌감을 느끼며 인생에 뜨겁게 KISS 했으면 한다.

CONTENTS

1부 나는 변화의 중심에 서 있는가?

1장 급변하는 인간사회

2장 변해야 성공한다

3부 고객을 감동시키는 조직원이 되어라

1장 열광하는 팬 만들기

2장 고객의 마음에 들 때까지

4부 성공하는 리더가 되어라

1장 앞서가는 리더의 태도

2장 리더의 효율적인 조직운영

3장 글로벌 경영 마인드를 가져라

급변하는
사회

새롭게 보라

영국 황실의 여객선인 브리태니커 호가 칠흑같이 어두운 밤에 항해를 하고 있었다. 그런데 안개와 어둠 속에서 정체불명의 불빛이 나타나더니 배를 향해 점점 다가오기 시작했다. 당황한 선장은 스피커를 들고 소리쳤다.

"비켜라! 이 배는 거룩한 영국 황실의 브리태니커 호다!"

그러나 불빛은 앞으로 계속 다가왔다.

선장이 다시 외쳤다.

"미쳤나? 어서 비켜라! 이 배는 영국 황실 소속 여객선인 브리태니커 호다!"

계속되는 경고에도 불빛은 점점 더 다가왔고 선장은 화가 머리 끝까지 치밀어올랐다.

"어서 비키지 못해! 어디서 감히!"

마침내 불빛 쪽에서 대답이 흘러나왔다.

"미친 놈은 바로 너다! 여기는 거룩한 등대이시다!"

이는 김정빈 씨의 《리더의 아침을 여는 책》에서 소개된 일화다. 브리태니커 호가 항로를 수정해야 하는 것이지, 등대가 어찌할 수 있는 것이 아니다. 그러나 세상에는 브리태니커 호의 선장과 같은 어리석음을 저지르는 사람이 의외로 많다. 자신이 변하지 않고 환경이 변하기를 바라는 사람에게 던지는 의미 있는 풍자라고 할 수 있다.

변화의 핵심은 사고방식의 전환이다. 거창한 생존전략보다는 기술과 경영의 효율성을 중시하며 끊임없이 변신하려는 노력이 필요하지만 그보다 먼저 해야 할 일은 나 자신부터 혁신하려는 자세를 가져야 한다.

자신의 자세가 잘못됐다고 생각하면 새롭게 변신하려는 노력이 뒤따라야 한다. 골프의 예를 들어보자. 드라이버 샷으로 180야드를 치는 사람이 코치를 받아 200야드를 치기는 쉽다. 또 좀더 노력하면 220야드도 칠 수 있다. 하지만 250야드 이상을 치려면 그립잡는 법부터 스탠스 등 모든 것을 바꿔야 한다. 옛것을 고집하다가는 성장은커녕 오히려 퇴보할 수밖에 없다. 따라서 과감하게 변신을 시도해야 한다. 현대 경영학의 아버지로 불리는 미국의 경영학자 피터 드러커*Peter F. Drucker*는 '혁신은 버리는 것인데, 사람들은 버리는 것을 싫어하고 현상을 유지하는 것을 좋아하는 것이 문제'라고 말했다. 이처럼 기존의 것을 고수하려는 마음을 버리고 시대의 변화에 발맞춰 과감히 변신하는 것이 필요하다. 그렇다고 해서 혁신이 단순한 발명은 아니다. 과거에서 탈출해 새롭게 변하는 것이다.

다니엘 골먼*Daniel Golman* 교수는 《감성의 리더십》에서 지속적인 변화를 통해 삶을 성공으로 이끄는 사람은 다음과 같은 자발적 학습과정을 거친다고 말한다.

TIP | 01

- 첫 번째 단계
  나의 이상적인 자아 – 나는 어떤 사람이 되고 싶은가?

- 두 번째 단계
  나의 현실적 자아 – 나는 현재 어떤 사람인가?

- 세 번째 단계
  나의 학습계획 – 어떻게 나의 장점을 살리고 단점은 줄일 것인가?

- 네 번째 단계

  새로 알게 된 행동방식, 사고방식, 감정의 방식을 실행에 옮기고 연
  습을 통해 익히기

- 다섯 번째 단계

  성공적인 변화를 가능하게 만들어주는 든든하고 믿음직한 인간관
  계를 만들어가기

패러다임의 변화

몇 년 전 미국 CNN은 '21세기 사회상'을 내다보면서, 앞으
로의 세계는 사고를 근본적으로 바꾸지 않고는 획기적인 변
화를 만들어낼 수 없다고 했다. 그들은 우리 사회의 중요한
패러다임을 세 가지로 요약한다.

첫째, 개인파워의 시대다. 오늘날 인터넷은 개인과 기업의
생존을 위해서 없어서는 안 될 필수사항이다. IT의 발전은 특
정정보의 독점으로 인한 특정계층의 파워엘리트 시대를 접고
정보로 무장한 개인의 힘이 극대화되는 시대를 가능케 했다.
이는 개인파워의 신장을 의미한다.

칼럼니스트 토머스 프리드먼 *Thomas L. Friedman*은《지구는

평평하다》에서 2000년 이후 인터넷과 정보기술 발달로 전 세계 어디서든 개인 간 접속이 이뤄지는 현상을 '개인의 세계화'라고 부르면서 현재를 '세계화 3.0버전 시대'라고 규정했다. 세상을 움직이는 원동력이 '국가→기업→개인'으로 이동중이라는 것이다(여기서 '세계화 1.0' 버전은 신대륙 발견과 강대국의 세계진출이 시작된 1492년 이후를 지칭하며, '세계화 2.0' 버전은 다국적 기업의 등장과 세계적 통신망구축이 주로 이루어졌던 1800~2000년 사이를 지칭함). 이제 자신을 지켜주는 것은 조직이나 국가가 아닌 바로 자신이기 때문에 개인적인 차원의 능력을 키우는 것은 가장 시급한 문제가 아닐 수 없다. 그러나 그 능력이 남들과 동등하거나 쉽게 대체 가능한 수준이라면 위험하다. 쉽게 대체하기 어려운 존재가 되는 것이 이 시대가 요구하는 개인파워이며 생존능력이다.

둘째, 소비자 만족의 시대다. 이제 기업은 개인별 마케팅을 펼쳐 개인의 만족을 극대화해야 한다. 많은 돈을 예치해둔 고객을 분류해 특별히 관리하는 프라이빗 뱅킹이 대표적인 예라고 볼 수 있다. 피터 드러커는 《미래경영》에서 앞으로 30년 동안 권력의 이동은 이제 유통업자에서 고객으로 이동할 것이라고 말하고 있다.

지난 30년 동안 시장에서 권력의 중심은 공급업자, 즉 제조업자로부터 유통업자로 이동했다. 하지만 앞으로 30년 동안 권력의 중심은 유통업자로부터 고객으로 이동할 것이 분명하다. 그 이유는 지금 고객은 전세계의 모든 정보에 충분히 접근할 수 있기 때문이다.

셋째, 눈부신 기술발전의 시대다. 이제 과학기술은 나노(10억분의 1) 단위의 기술이 아니면 발을 붙이지 못할 것이라고 전망한다. 냉장고 안의 우유가 유통기한이 지나면 자동으로 우유회사에 새로운 우유 배달을 주문하거나 세계 어느 기업에 상품 주문을 해도 배달이 비슷한 시간에 이뤄지는 것은 나노기술로 이룬 성과이다.

유전공학은 또 다른 혁명을 일으킬 잠재력을 가진 분야다. 현재 동물복제나 유전자조작 식품등의 기술은 초기단계지만 머지않아 유전자를 이용한 질병치료, 인간능력개발 등이 실현될 날이 곧 다가올 것이다.

정보통신 분야도 하루가 다르게 변하고 있다. 공유와 감시의 두 얼굴로 상징되는 유비쿼터스는 언제 어디서나 네트워크에 접속할 수 있는, 즉 우리의 모든 일상이 네트워크로 연결되어 있는 상태를 의미한다. 우리는 이미 비밀 없는 세계에 살고 있으며, 그것은 갈수록 더욱 심해질 것이다. 또한 10년 내에 세계의 법과 규칙이 지금과는 현저하게 달라질 것이라고 많은 전문가들은 예견하고 있다.

디지털시대의 유목민 마인드

유목민 마인드가 언론에 회자된 적이 있다. 2005년 KBS
에서는 몽골 드라마 '칭기즈칸 일대기'를 방영했다. 덕분에
칭기즈칸의 인기가 한때 상종가를 치기도 했지만, 온갖 잔
인한 방법으로 한반도를 비롯한 아시아 전체를 피로 물들인
치욕의 역사를 들춘다는 목소리도 만만치 않았다. 그러나
미국 〈워싱턴 포스트〉와 〈타임〉이 지난 1천 년간 세계사에
서 가장 중요한 인물로 칭기즈칸을 선정하는 등 그의 업적
이 새롭게 부각되고 있는 것이 사실이다.

필자는 1997년 10월, 몽골 정부의 초청으로 열흘 동안 몽골
을 방문해 초원지대에서 생활하는 귀중한 경험을 했다. 서울
에서 비행기를 타고 북으로 세 시간 날아가면 몽골에 도착한
다. 이 나라는 건조한 대륙성 기후와 척박한 자연조건을 지닌
고원지대에 자리잡고 있다. 북쪽에는 인간이 뚫고 지나갈 수
없는 시베리아 삼림이, 남쪽에는 모래와 바위 이외에 아무것
도 없는 그야말로 허허벌판이라는 표현이 어울리는 나라다.
하지만 광활한 초원지대에 소, 말, 염소, 양 등의 가축들이 풀
을 뜯고 있는 목가적인 풍경은 전통적인 유목민족 국가를 연
상케 한다. 이들에게 있어 목축업은 국민들의 주요 소득원이
다. 또 이들은 출가한 자식에게 기르던 가축들 중에서 몇 마
리씩 나눠주는 것을 재산상속으로 여긴다. 농경사회처럼 한
지역에 정착하지 않으므로 토지에 대한 재산소유 개념이 없

기 때문이다.

이들 유목민은 가축을 기르기 위해 1년에 네 번 정도 이동하면서 살아간다. 가축들을 먹이려면 싱싱한 풀이 널린 초지를 끝없이 찾아헤매야 하기 때문이다. 이러한 초원지대에서 현실에 안주하는 태도는 허용되지 않는다. 그래서 그들에게는 '정보'가 무엇보다 중요하다. 찾아오는 손님들은 정보를 가져온다고 해서 후하게 대접하는 풍습도 바로 그 때문이다. '지평선 너머 초원에는 적이 있을까, 동지가 있을까', '가축들을 배불리 먹일 초지가 어디에 있을까', '바깥세상 사람들은 어떻게 살고 있을까…'. 끊임없이 무엇인가를 알아내야 하는 그들의 인사말은 그래서 '안녕하십니까'가 아니라 '당신이 온 쪽에서 무슨 일이 있었습니까'다. 주변 사람과 정보를 교환하고 많은 정보를 수집하는 것이 생존과 직결됐기 때문이다. 그만큼 유목민들에게 정보는 생존을 위한 필수요소이다.

우리 방문단 일행은 몽골 초원지대에 머물면서 각 지역을 이동할 때마다 사흘 밤을 겔에서 생활했다. 그들의 전통가옥인 겔은 텐트처럼 손쉽게 짓거나 철거할 수 있다. 중앙에 기둥을 세우고 벽은 버드나무 격자로 틀을 만든 후, 이 틀에 양털로 만든 천을 둘러 둥그렇게 짓는다. 또 겔의 안쪽 한 가운데 설치되어 있는 난로에는 가축의 분뇨를 말려서 땔감으로 사용하고 있는데, 이 때문에 늦가을의 쌀쌀한 날씨에도 따스한 기온을 느낄 수 있었다. 이런 간단한 구조의 겔은 가벼워서 이동하기 편하고, 여름의 뜨거운 태양과 겨울의 찬바람을 이겨내기에도 충분하다.

흔히 칭기즈칸을 유라시아 대륙을 지배한 위대한 경영자라고 말한다. 그가 생존했던 당시 몽골 고원의 인구는 대략 100만~200만 명이었다. 불과 100~200만의 몽골인이 중국·이슬람·유럽인 1억~2억 명을 정복하고 거느렸다. 더욱 놀라운 것은 이 제국이 12세기 후반부터 14세기 중반까지 무려 150년이나 지속됐다는 점이다. 작은 몽골이 100~200배나 덩치 큰 나라들을 다스리며 150년 동안 제국을 유지한 사실은 경이로운 일이 아닐 수 없다.

칭기즈칸은 전쟁을 통해 항상 새로운 전략과 기술을 습득해 다음 전쟁을 승리로 이끌었다. 심지어 상대편의 기술이더라도 벤치마킹하였다. 또 그는 천민 출신과 전쟁고아 등 불우한 환경을 극복한 주변 인물들을 측근으로 삼아 항상 자신의 가족처럼 대했다. 칭기즈칸은 폐쇄적, 수직적 정착문명의 한계를 뛰어넘어 새로운 세계를 개척한 개방적, 수평적 이동문명을 창조한 위대한 영웅인 것이다.

끊임없이 이동하며 먹거리를 찾아야 하는 유목민들에게 정착하여 살아가는 것은 죽음을 의미한다. 다른 터전으로 이동해야만 모두가 배불리 먹고 목가적인 노래를 부르며 사는 여유를 가질 수 있다. 800년 전 정착문명권 사람들이 만리장성 같은 울타리를 쌓으며 이익과 기득권 브호에 혈안이 돼 있을 때, 유목민들은 도전정신을 가지고 새로운 길을 찾아나섰다. 이것이 오늘날 우리가 배울 점이다. 성을 쌓고 사는 자는 반드시 망하고, 끊임없이 이동하는 자만이 살아남는다. 성을 쌓고 살던 정착민의 사고로는 국경없는 글로벌 시장인 21세기를 살아갈 수 없다. 마치 가축을 데리고 이동하며 살던 옛 유목민의 마인드 같은 수평적이고 개방적인 사고의 틀이 필요하다.

이러한 유목민 마인드는 하나의 생존전략이 돼버렸다. 경계와 벽을 모르고 세상을 누비던 유목민의 개방적 사고가 절실한 시대가 왔다. 프랑스의 석학 자크 아탈리는 '부유한 사람들은 즐기기 위해 여행을 할 것이고, 가난한 사람들은 살아남기 위해 이동해야 하므로 결국은 누구나 유목민이 될 수밖에 없을 것' 이라고 말했다. 인류가 1만 년간 정착생활을 끝내고 디지털 장비를 갖추어 도시와 세계를 떠도는 디지털 유목민시대를 맞이한 오늘날에 '칭기즈칸' 의 유목민 마인드는 새롭게 다가오고 있는 것이다.

새로운 시각에서 탄생하는 '블루오션'

김위찬, 르네 마보안 _Renee Mauborgne_ 교수는 《블루오션전략》을 통해 아직은 가능성이 보이지 않아도 앞으로 잠재적 성장가능성을 가지고 있는 미개척 시장을 '블루오션' 이라고 하면서 기존의 시장 공략전략을 바꿀 필요가 있음을 시사했다.

필자의 지인 S씨는 서울 시내의 중견 여행사에 근무하다가 명예퇴직을 앞두고 고민 끝에 해외로 눈을 돌렸다. 직업상 외국을 자주 드나들면서 생긴 바다 건너 세상에 대한 안목이 있었기에 가능했다. 그는 퇴직 후 인도 시장 전망이 밝다는 판단을 하고 인도의 수도인 뉴델리에 한인식당을 열기로 결정했다. 2004년 봄, 인도인이 경영하던 식당을 인수하여 시작한 음식점은 처음엔 손님이 많지 않았으나 점점 식당을 찾는 손님들이 늘었다고 한다. 인도의 IT산업의 발전과 높은 경제성장률 그리고 외국자본이 밀려들면서 소비문화가 활성화되었기 때문이다. 자신만의 블루오션을 찾은 것이다. 이처럼 블루오션은 거창한 것이 아니라 새로운 관점을 가지면 누구나 발견할 수 있는 것들이다.

포항의 포스코 공장 정문에는 '자원은 유한(有限), 창의는 무한(無限)' 이라는 표어가 붙어있다. 그만큼 창조가 중요한 시대란 얘기다. 창조를 위해서는 새로운 시각을 가져야 하며 끊임없이 질문하는 습관을 들여야 한다. 질문을 계속하면 생각을 자극하고 새로운 시각의 형성에 도움을 주기 때문이다. 따라서 옆의 동료들이나 가까운 사람들에게 질문을 하면서 새로운 것을 발견해야 한다. 매사에 관심을 갖고 의문을 품는 사람과 그렇지 않은 사람의 차이는 처음에는 크지 않지만 시간이 지날수록 점점 벌어지게 된다.

10여 년 전 한 외국계 은행의 딜링룸(자금부)에 사무 보조원으로 입사했던 여직원은 업무에 대해 딜러들에게 끊임없이 질문했다. 그런 그녀에게 딜러들은 '열심히 하니 귀엽다'며 관련 서적을 선물하기도 했다. 그러던 어느 날 그녀가 다른 외국 은행의 당당한 딜러로 스카우트되어 주위를 놀라게 했다. 그녀는 당시 국내에 몇 안 되는 여성 딜러로서 높은 연봉과 책임 있는 지위를 얻었다. 그녀는 자신의 블루오션을 끊임없는 호기심과 질문 그리고 새로운 시각으로 당당히 개척한 것이다.

생존의 열쇠 '스피드'

사자는 걸음이 빠른 가젤보다 빨리 달리지 못하면 굶어 죽을 거라 생각하면서 잠들고, 가젤은 사자보다 빨리 달리지 않으면 사자의 밥이 되고 말 것을 걱정하면서 잠이 든다. 사자나 가젤은 모두 알고 있다. 아침이 되어 태양이 떠오르면 무조건 달려야 한다는 사실을…

이 이야기는 극도로 살벌한 경쟁사회를 사자와 가젤을 통해 비유하고 있다. 기업이든 사람이든 자신의 위치를 지키기 위해서는 끊임없는 질주해야 한다는 말이다. 우리에게 스피드는 어느 때보다 중요한 생존의 관건이다. 21세기에는 속도가 가치를 창출한다는 빌 게이츠의 주장처럼 속도는 디지털

시대의 중요한 생존 무기가 되고 있다.

1990년대 초 삼성이 소니를 따라잡는다고 했을 때 많은 사람들은 의아해했다. 하지만 삼성은 오늘날 세계 가전산업을 주도하고 있고 소니가 삼성전자에서 LCD패널을 공급받아 TV를 만들 정도로 전세가 역전됐다. 여기에서 우리는 스피드의 위력을 실감한다. 세상에 불변의 법칙은 없듯 빠르게 변하고 있는 비즈니스의 세계에서 절대적인 승리전략은 없다. 생존의 열쇠는 결국 스피드에 달려 있는 것이다.

과거 5,000년의 변화보다 최근 100년의 변화가 더욱 심했고, 그 100년보다는 앞으로 10년의 변화가 더욱 심할 것이다. 실제로 라디오가 5,000만 명에게 보급되는 데는 38년이 걸렸고, TV는 13년이 걸렸지만 인터넷은 불과 4년밖에 걸리지 않았다는 통계가 있다. 앞으로 새롭게 등장하는 상품이나 서비스의 수명은 더욱 짧아질 것이다.

옛날 칭기즈칸 시대 유목민들은 하루에도 몇 백 km씩 대지를 내달렸다. 그들은 세계의 질서가 그들 눈앞에서 바뀌어가는 것을 보았다. 그들 앞에 무릎 꿇은 농경 정착민들을 보면서 머물러 사는 자의 안락이 얼마나 무서운 것인가를 목격했다. 결국 안락은 스스로를 안락사시킬 수도 있는 것이다.

우리의 삶에도 보이지 않는 신속성이 요구된다. 인간관계의 권위자인 데일 카네기는 '친구를 만들기 위해 내가 먼저 다가가면 2개월이 걸리고, 상대방이 찾아오기를 기다리면 2년이 걸린다'고 했다. 인간관계에서도 주도적으로 먼저 다가

가는 자세가 필요한 것이다.

보험왕 클레멘트 스톤 *Clement Stone*은 신속하고 능동적이며 주도적 체질을 가지기 위해서는 내가 먼저 변화해야 하며 그런 태도와 행동의 과정에서 습관화되고 다듬어진다고 말한다. 그러면서 그는 성공하는 사람들의 공통점을 다음과 같이 요약한다.

누구에게나 인생에서 부딪히게 될 수많은 변화와 어려움은 있기 마련이다. 이를 슬기롭게 극복하기 위해서는 자신이 원하는 미래의 모습을 결정하고, 경쟁상대보다 빠르고 깊이 있게 사고해 미래를 대비하려는 자세가 필요하다.

고객은 초고속으로 변한다

우리 집에는 20대 초반의 아들 두 명이 있다. 지금은 둘 다 군복무 중이지만 기회가 있을 때마다 대화를 나눠보면 격세

지감을 느낀다. 행동하는 것을 봐도 마찬가지다. 한 집안에도 마치 보수파와 진보파가 공존하는 기분이다. 둘 다 장단점이 있겠지만 문제는 세상을 보는 관점의 거리가 너무 크다는 데 있다. 때로는 대화과정에서 격렬한 논쟁 탓에 분위기가 이상하게 끝날 때도 많다. 어디까지 부모의 권위를 내세우고 경계선을 그어야할지 나 자신도 솔직히 확신이 서지 않을 때가 많다. '2030세대' '3040세대' 하면서 의식과 행동의 차별화가 너무도 빠르게 그리고 뚜렷이 나타나고 있음을 걱정하지 않을 수 없다.

소비 시장의 주요 타깃이 되고 있는 이들 신세대들의 행동의식은 단순하고 간결하며 신속하다. 말은 짧아야 하고, 이미 알고 있는 것은 지루하며, 기다림은 용납되지 않는다. 깊게 생각하는 것도 싫어한다. 복잡한 것은 더욱 싫어한다. 논리적인 것보다는 정서적인 것을 좋아한다. 자극적이고 찐한 것을 좋아한다. 배가 아파도 배꼽티를 입어야 한다. 이게 요즘 신세대들의 행동양식인 것 같다. 이처럼 젊은이들의 뉴 트렌드가 급격히 확산되고 있다. 신세대들의 행동을 보면 요즘 우리 사회변화의 현상을 짐작해볼 수 있다.

더구나 젊은이들의 강점이라고 할 수 있는 정보화마인드는 기성세대들이 도저히 따라갈 수 없는 상황에 이르고 있다. 2005년도 통계청 자료에 따르면 우리나라 30세 미만의 디지털 네이티브들이 2,000만 명을 넘어 총인구의 43%를 차지하는 것으로 추정한다. 이들은 인터넷이나 휴대폰을 능수능란하게 다룬다. 친구들에게 편지를 보내고 느긋한 마음으로 그 답장을 기다리지 않는다. 문자 메시지, 인스턴트 메신저 등으로 즉각적인 상호작용을 한다. 기성세대들은 이들이 '산만하다'고 생각할 것이다. 하지만 디지털 네이티브들은 신속하게 정보를 공유하고 그들만의 언어와 생각으로 커뮤니티를 형성하고 있다. 이는 세대 간 정보화의 차이가 너무나 극명함을 보여 주고 있는 것이다. 스피디하고 간결함을 추구하는 신세대들의 뉴 트렌드가 하나의 물결을 형성해 나가고 있다. 옛 추억만 생각하고 있다가는 자신도 모르게 자칫 외로운 섬에 갇히게 되는 신세가 될지도 모른다. 너무도 빠르게 트렌드가 변하고 있기 때문이다.

격변하는 그들의 행동에는 디지털 매체의 영향도 크겠지만 점점 속도감을 내는 산업변화의 영향도 크다. 이제 우리는 변화하고 있는 새로운 트렌드를 읽어야 된다. 이런 작은 흐름들이 유행처럼 번지고 거역할 수 없는 시대조류가 됐을 때는 이미 대응은 늦다. 신세대들은 미래의 시장을 움직일 주역들이기 때문에 더욱 주목하지 않을 수 없다.

산업화 이후 40년 만에 디지털시대로 접어들면서 우리 사회문화도 엄청나게 바뀌었다. 이제 문화가치가 중시되면서 고객들도 더욱 예민한 감성을 지니게 되었다. 산업화시대는 물질이 기쁨과 재미를 줬지만 이젠 감성을 자극해야 한다. 새

문화요소가 지배하는 세상이 온 것이다. 고객의 머리보다는 가슴을 파고드는 감성마케팅이 점점 위력을 발휘하는 시대가 되고 있다. 고객 정서의 깊숙한 곳을 흔들지 못하면 시장에서 생존하기 어렵다. 뉴 트렌드를 리드하는 감성적 메시지 개발과 전략이 필요한 때다.

제품이건 서비스건 고객에게 변함없이 감동을 줄 수 있다면 항상 시장은 반기게 마련이다. 명품들은 그냥 생겨난 것이 아니라 고객에게 감동을 주었고 사랑을 받았기 때문에 태어난 것이다. 세상은 날로 치열해지고 어중간한 재능이나 상품, 그리고 서비스로는 살아가기가 어려워지고 있다. 이럴 때 일수록 우리에게 진정으로 필요한 것은 시장의 흐름을 파악하고 고객의 욕구에 따라 변화해야 된다. 시장의 흐름에 제대로 대응하지 못하면 고객도 잃고 시장도 잃는다. 시장이 변하니까 우리도 변해야 한다. 카멜레온처럼 변신해야 살아남는다.

요즘은 '큰 것이 작은 것을 잡아먹은 것이 아니라, 빠른 것이 느린 것을 잡아먹는 세상' 이라고 한다. 디지털 환경의 가파른 변화를 경험하고 있는 우리로서는 지금이 가장 혼란스런 시대라고 짐작할 수 있다. 세상이 빨리 변하듯 고객의 요구도 변한다. 그 속도에 맞춰 변화를 생각해야 한다. 그리고 고객의 흐름을 놓치지 말아야 한다. 하루가 다르게 격동하는 환경을 놓치지 않고 발 빠르게 대처해야 생존하는 세상이다. 소비자들의 욕망은 무한하고 끝없이 변하기 때문에 시장의 흐름을 한 발 앞서 읽어내는 통찰력이 필요하다. 변화의 징후를 보여 주는 리드 타임을 보고 새로운 시장에 들어가 누릴 비즈니스 몫이 무엇인가를 예측해야 한다.

변해야
성공한다

솔개의 변신

솔개는 수리과에 속하는 조류로 시력이 좋아 사람보다 20배 정도 멀리 볼 수 있으며 최고 약 70세의 수명을 누리기도 한다. 그러나 솔개는 약 40세가 되면 발톱이 노화해 사냥감을 예전만큼 효과적으로 잡아챌 수 없게 된다. 부리도 구부러져 가슴에 닿을 정도가 되며, 깃털이 짙고 두껍게 자라 날개가 매우 무거워지므로 하늘로 날아오르기가 무척 힘들게 된다. 이즈음에 솔개는 절체절명의 선택을 해야 한다. 그대로 죽을 날을 기다리든지 아니면 약 반 년에 걸친 매우 고통스런 갱생과정을 수행해야 하는 것이다.

갱생의 길을 선택한 솔개는 먼저 산 정상 부근으로 높이 날아올라 그곳에 둥지를 짓고 머물며 고통스런 수행을 시작한다. 먼저 부리로 바위를 쪼아 부리가 깨져 빠지게 만든다. 그러면 새로운 부리가 돋아난다. 그런 후 새로 돋은 부리로 발톱을 하나하나 뽑아낸다. 그리고 새 발톱이 돋아나면 이번에는 날개의 깃털을 하나하나 뽑아낸다. 이렇게 하면 약 반 년이 지나 새 깃털이 돋아나고 솔개는 완전히 새로운 모습으로 변신하게 된다. 그리고 다시 힘차게 하늘로 날아올라 30년의 수명을 더 누리게 되는 것이다.

이는 정광호 씨의 《CEO경영우언》에 소개된 내용이다. 경제상황과 시장의 변화를 따라잡지 못하고 과거의 묵은 습관과 전통에 얽매이면 살아남지 못한다. 때로는 솔개처럼 옛 모습을 완전히 버려야 한다. 고통스런 갱생과정을 거친 솔개와 같이 우리는 약간의 불편과 고통을 감수하더라도 뼈를 깎는 자기혁신을 감행해야 한다. '솔개론'은 기업뿐 아니라 개인의 인생관리에도 적용해야 하는 것이다.

변화가 언제 어디서 어떻게 일어날지 정확히 예측하기는 사실 불가능하다. 그렇다고 가만히 앉아 구경만 할 수 없다. 변화를 미리 예측하고 긍정적인 방향으로 해결할 수 있는 대응전략을 마련해야 한다. 환경의 변화에 수동적으로 대응할 것이 아니라, 새로운 변화를 주도적으로 이끌어 위기요소들을 오히려 기회로 활용해야 한다. 찰스 다윈은 《종의 기원》에서 '지구상에서 마지막까지 살아남는 종족은 가장 강하거나 지적인 종족이 아니라 변화에 가장 잘 적응하는 종족'이라고 했다. 문제는 마음의 변화이다. 마치, 식물이 씨앗에서 싹을 틔우는 것처럼 인간의 행동은 생각이라는 씨앗에서부터 비롯되기 때문이다.

사람의 정신은 의식, 잠재의식, 초의식으로 구성되어 있다. 솔개처럼 새로운 변신을 하기 위해서는 '의식'을 통해 환경을 이해하고 새로운 각오로 '잠재의식'을 이끌어내 '초의식'의 힘을 발휘해야 한다. 많은 사람들이 인생에서 성공을 거두지 못하는 이유는 대부분 잠재의식을 끌어내지 못했기 때문이다. 잠재의식을 끌어내 사용할 수 있다면 모르고 있던 자신의 능력에 놀라게 되고 초의식의 힘을 발휘할 수 있을 것이다. 만약 모든 것을 외부 조건의 산물이라고 믿는다면 주변 상황은 계속해서 우리 자신들에게 고통만을 안겨줄 것이다. 솔개가 부리를 깨서 새 부리를 만들고 털갈이를 하여 새 삶을 지속하듯 우리도 새로운 도약을 위해 변화해야 한다.

행운을 만들어라

　임대아파트, 고물차 그리고 마이너스 통장이 전부이고 여자에게 인기없는 샐러리맨이 있었다. 그러나 8년 후 그는 25만 파운드가 넘는 저택, BMW 그리고 순자산이 100만 파운드가 넘는 자산을 갖게 되었다. 스튜어트 골드스미스*Stuart Goldsmith*의 《Midas Method》에 소개된 일화인데, 이 이야기의 핵심은 신념이다. ‘나는 이런 것들을 소유할 가치가 있는 사람’ 이라는 신념을 마음속에 심은 것이다. 우선 신념을 가지기 위해서는 ‘난 너무 늙었어’, ‘여자니까’, ‘그런 기회가 내게 오겠어?’, ‘난 운이 없어’, ‘이미 늦었어’ 등의 해로운 생각을 버려야 한다. 그 다음 자신이 무엇을 원하고, 그만한 가치가 있다는 생각을 가져야 한다. 긍정적인 자아이미지와 할 수 있다는 믿음을 가지면 반드시 성공할 수 있지 않겠는가.

　목표가 없으면 인생이 지루하고 허무할 뿐이다. 활력이 넘치고 만족스런 하루를 보내기 위해서는 확실하고 도전적인 목표를 가져야 한다. 뚜렷한 목표는 두뇌를 활발하게 만들어 잠재력을 키워주기 때문이다. 목표를 정한 후에는 진행상황 등을 글로 구체화하여 지속적으로 체크해야 한다. 그리고 목표가 달성되면 더 큰 목표를 세워야 한다. 이처럼 인생에서 작은 목표들의 달성은 보다 큰 인생의 성공으로 이어진다. 결코 행운을 바라지 마라. 행운은 목표를 향해 전진하는 과정에서 저절로 오는 것이다. 즉, 인생의 봄날을 기다리지 말고 내

손으로 만들어가라. 그러면 당신에게도 따뜻한 봄이 찾아올 것이다.

자신을 업그레이드하라

수년간의 고된 훈련을 마친 제자가 있었다. 훈련의 마지막 날, 검은 띠를 제자에게 주면서 사부가 말했다.

"이 검은 띠가 무엇을 의미하는지 아느냐?"

"오랜 기간 동안 무술을 연마했다는 의미입니다."

사부는 잠시 생각하더니 냉담하게 말했다.

"너는 아직 검은 띠를 받을 자격이 없다. 1년 뒤에 다시 오너라."

1년 뒤에 제자가 다시 찾아가자 사부가 물었다.

"이 검은 띠가 무엇을 의미하느냐?"

"남보다 무술 실력이 뛰어나다는 것을 의미합니다."

이번에도 사부는 한참 생각하더니 입을 열었다.

"수련을 더 해야겠다. 1년 뒤에 다시 찾아오너라."

1년 뒤에 제자가 다시 찾아가자 사부는 물었다.

"이 검은 띠가 무엇을 의미하느냐?"

"검은 띠는 끝없이 계속되는 무술 연마의 시작을 의미합니다."

그러자 사부는 제자에게 말했다.

"그래, 이제 너는 그것을 받을 자격이 있다. 가서 무술 연마를 계속 하거라."

　이 얘기는 미국의 경영학자 콜린즈와 포라스가 초우량기업들이 추구해야 할 개선방향을 무술의 연마과정에 빗대어 설명한 것이다. 개인이나 기업 모두 끝없는 변화가 필요하다. 기업은 환경변화에 따른 방향설정으로 전략을 추진하지만 개인도 마찬가지로 끊임없이 삶을 변화시켜야 한다. 변화에는 고통이 따르며 발전을 위해 매순간 고비들을 헤쳐나가야 한다. '1%만 바꿔도 인생이 달라진다' 는 말처럼 나의 생각과 행동이 앞으로 지속할 가치가 있는지 그리고 이제부터 해야 할 일이 무엇인지 끊임없이 자문해야 한다. 그것은 기업의 미래를 위한 새로운 출발점이 된다. GE가 오랜 세월 세계 최강의 자리를 유지할 수 있었던 비결 중 하나는 바로 이러한 변화와 혁신이다.

　21세기를 살아가는 우리에겐 미래를 위한 자신만의 무기가 있어야 한다. 어떤 분야이건 스스로 개척하는 분야가 자신의 브랜드이고 이미지가 될 수 있다. 변화무쌍한 시대일수록 생존전략을 개발하고 업그레이드해야 한다. 앞으로 직장의 이동은 더욱 많아질 것이다. 선진국일수록 이직률이 높아지고 있지 않은가. 준비를 하면 반드시 기회는 온다. 주5일근무제는 그냥 쉬라고 있는 것이 아니다. 개인은 물론 조직의 생산성을 위해서 더욱 자기계발에 힘써야 한다. 아직 집에 조용히 책 볼 수 있는 공간이 없다면 당장 마련해보자. 부부가 지혜를 모으면 충분히 공간을 마련할 수 있을 것이다. 작은 책상 하나가 미래로, 세계로 나아가는 역량강화의 출발점이 된다. 자신을 업그레이드하여 끊임없는 변신의 기회를 만들어보자.

KISS하라

　사랑을 하면 누구나 유치해진다고 한다. 그렇다고 창피할 것 없다. 순수하고 자연스움이 가장 아름답기 때문이다. 출근길 아내와의 짧은 키스는 여러 가지 효과가 있다고 한다. 애정의 표시임과 동시에 삶의 에너지가 되기 때문이다. 통계에 따르면 키스를 많이 하는 부부들은 상대적으로 돈을 20~30% 더 많이 벌며, 수명도 5년 정도 더 길다고 한다.

　각자의 인생에서도 또 다른 KISS가 필요하다. 성공하는 인생을 위해 필자가 제안하는 'KISS의 법칙'을 자신에게 적용시켜보자. 그러면 신나고 지혜롭게 세상을 살아갈 수 있는 열정이 분출될 것이다.

　첫째, Key(강점)를 찾아라

　미래는 정해져 있지 않으므로 창조해야 한다. 가만히 앉아서 천하를 얻은 사람은 아무도 없다. 세상을 확실하게 살아갈 수 있도록 경쟁력 있는 자신만의 키워드를 개발해야 한다. 피터 드러커는 '네가 잘 할 수 있는 것을 하라. 그러면 자신도 발전하고 세상도 발전한다'고 하였다. 이 말은 Best one이 아닌 Only one이 되어야 한다는 뜻이다. 한 방향으로 달리면 1등이 한 명이지만 360도의 각기 다른 방향으로 달리면 360명 모두 1등을 할 수 있다. 이제 점점 평범한 재능과 상품, 서비스로는 살아남기 힘들어지고 있다. 나만의 생존무기를 가지고 있어야 한다. 그러기 위해서는 키워드를 찾아야 한다. 운전이나 사격을 해보면 알겠지만, 각도를 1도만 바꿔도 도착지점이 완전히 달라진다. 1%의 행동변화 엄청난 차이를 만든다.

'위대한 업'은 하루아침에 이루어지는 게 아니다. 그것은 하루하루 자아의 신화를 살아내는 세상 모든 사람 앞에 조용히 열려 있다. '위대한 업'은 만물의 정기 속으로 깊이 들어가 만나게 되는 '하나의 언어', 그것이다. 그리고 그 순간 우리는 영혼의 연금술사가 된다.

파울로 코엘료*Paulo Coelho*의 《연금술사》에 나오는 이야기다. 이 말은 초심을 잃지 말고 하루하루를 치열하게 살아야 한다는 뜻으로도 해석할 수 있다. 한꺼번에 많은 것을 이루려는 욕심 때문에 초심을 잃고 과욕을 부리면 안 된다. 사람들은 흔히들 초심으로 돌아가 다시 시작하리라는 말을 많이 하지만 그보다 초심을 잃지 말아야 한다. 인생은 마라톤과 같아서 초반에 강한 사람이 있는가하면 후반에 강한 사람도 있다. 남보다 앞서 달린다고 해서 자만하면 안 되고 남보다 뒤쳐져 달린다고 해서 좌절할 필요도 없다. 빨리 가기 위해 비정상적인 길을 택하면 반드시 후회가 뒤따르기 마련이다. 사람에 대한 평가는 일관된 논리와 가치관으로 이루어지기 때문이다. 자신만의 강점으로 변함없이 나아가라.

둘째, Interesting(재미)를 갖자

어떤 일이든 즐겁게 해야 한다. 빌 게이츠는 항상 밝은 마음을 가지려고 '하루하루 일하는 것이 너무나 즐겁다' 는 말을 자주 했다고 한다. 비즈니스도 재미있어야 한다는 말이다. 즐거운 마음으로 일을 하면 어려움이 닥치더라도 쉽게 포기하지 않고 한계를 한번 시험해보자는 마음을 가지게 된다. 그리고 즐겁고 웃음이 넘칠 때 사람을 건강하게 만드는 엔도르핀이 생성된다고 한다. 또 암을 이기는 환자들의 최고 비결은 웃음이라고 한다. 즐거운 일이 없으면 일부러라도 웃으면 된다. 그러면 정말 웃음이 나오고 일이 재미있어진다. 어니 J. 젤린스키*Ernie J. Zelinski*는 《느리게 사는 즐거움》에서 '우리의 걱정 중 40%는 절대 일어나지 않을 사건들에 대한 것이고, 30%는 이미 일어난 사건들, 22%는 사소한 사건들, 4%는 우리가 바꿀 수 없는 사건들에 대한 것들이다. 나머지 4%만이 우리가 대처할 수 있는 진짜 사건이다. 즉 96%의 걱정이 쓸데없는 것이다' 라고 말한다. 해결할 수 없는 일에 대해 고민하지 말자. 혹시 걱정을 미리미리 하느라 소중한 현재를 망치고 있지는 않은지 자신에게 물어보라. 그리고 내가 할 수 있는 일들에 대해 재미를 갖자.

셋째, Simple(단순)하게 하라

과학이 발전하면서 점점 세상이 복잡해져 시간과 에너지를 소모하는 경우가 많다. 너무 복잡하게 생각하면 일이 더 꼬이기 마련이다. 복잡할수록 생활을 단순화하는 것이 중요하다. '단순함'은 삶을 효율적으로 운영하게 해준다. 단순명료한 생각이 곧 인생을 성공으로 이끈다. 그러한 단순함을 유지할 수 있는 비결은 자신을 관리하는 것이다. 그러기 위해서 원인을 분석하고 목표를 세워 행동으로 옮겨야 한다. 작은 일부터 실천하다보면 일이 더욱 단순해짐을 알 수 있다. 행복해지기 위해 원대한 꿈을 갖되 단순함의 미학을 잊지 말아야 한다.

복잡하게 변해가는 세상에서 단순함의 중요성은 커지고 있다. 티키 퀴스텐마허 *Tiki Kustenmacher*와 로타르 J. 자이베르트 *Lothar J. Seiwert*가 쓴 《단순하게 살아라》에서는 단순하게 살려면 쉽게 살아야 한다고 말한다. 예를 들어, 오래된 여행 팸플릿, 일주일 지난 신문, 1년이 지난 다이어리, 해묵은 크리스마스 카드, 3년도 더 된 국내 지도나 앞으로 2년 안에 가보지 않을 나라의 지도, 한 번도 해먹지 않을 요리법 등을 적은 쪽지는 과감하게 버린다. 그리고 바인더에서 필요한 것을 찾을 때마다 낡은 정보를 세 개씩 없앤다. 또 바인더가 75% 차면 꽉 찬 것으로 간주하고 짐을 덜어 낼 준비를 한다. 냉동실에 재료를 보관할 때는 반드시 날짜와 이름을 적고, 정리할 때마다 일정 기간이 넘은 음식은 버리는 것을 원칙으로 한다. 절전뿐 아니라 정리를 위해서라도 냉장고 속을 70% 이상 채우지 않는다. 50%가 넘으면 정리한다는 원칙을 세운다. 이처럼 주변을 돌아다보면 단순화할 것이 많이 있다. 안 쓰는 물건은 효율적인 공간활용도 방해한다. 단순한 삶, 건강한 삶을 살려면 ‘버리기의 달인’ 혹은 ‘정리형 인간’ 이 되라. 책상 정리부터 시간과 돈, 나아가 인간관계와 개인의 내면 목표까지 단순화하는 기술이 필요하다.

넷째, Smart(멋지게)하게 하라

야구 스타였던 칼 립켄 주니어는 야구장 클럽하우스에서 일하는 아이들에게 팁을 잘 주기로 유명하다. 그 자신이 11세 무렵 아버지가 뛰던 마이너리그팀 클럽 하우스에서 구두를 닦거나 타월을 접는 일을 했기 때문이다. 그는 그 대가로 게임당 5~10달러를 벌었다. ‘일을 제대로 해라, 행복의 열쇠는 바로 너의 일, 너의 남에 대한 기여에 있다’ 는 것이 아버지가 준 교훈이었다. 그는 그렇게 했고 성공했다.

| 〈조선일보〉 (2006.5.26)중에서

어설프게 일을 처리하여 신뢰를 주지 못하는 사람이 있는가 하면 어떤 일이든 깔끔하게 처리하여 신뢰를 주는 사람이 있다. 후자의 경우처럼 모든 일을 멋지게 해 보려는 자세는 중요하다. 어떤 일이든 먼저 마음의 각오가 확실하게 서면 안 되는 것이 없다. 마음이 정해지면 행동은 따라오기 때문이다. 그래서 ‘사람의 모습은 생각하는 대로 만들어진다’ 고 했다.

우리는 모든 업무를 완수했을 때 기쁨, 만족, 환희 등의 긍정적인 감정을 느낀다. 그것은 업무를 100% 멋지게 완수했을 때에만 가능하다. 이것이 바로 인생을 뜨겁게 살 수 있는 ‘KISS의 법칙’ 을 장식하는 마지막 과정이다.

서 있는 곳으로부터 시작하라

버튼 브랠리*Berton Braley*

과거는 신경 쓰지 말고 서 있는 곳으로부터 시작하라.

과거는 새로운 시작에 아무런 도움이 되지 않는다.

마침내 과거를 잊었다면

그걸로 충분하다.

이는 책의 새 장의 시작이며

새로운 경주의 시작이다.

이미 지나간 날들은 뒤돌아보지 말고

서 있는 곳으로부터 시작하라.

세상은 당신의 지난날 패배에는 관심이 없다.

당신이 새로 시작해서 성공할 수만 있다면

미래가 당신에게 주어진 시간이며 시간은 흘러간다.

할 일도 많고 스트레스도 많았지만

과거의 걱정과 절망은 잊어버려라.

지금 당신에게는 새로운 과제가 주어져 있으며

미래는 용기 내어 행동하는 자의 것이다.

서 있는 곳으로부터 시작하라.

지난날의 실패나 영광은 돌이킬 수 없다.

중요한 것은 오늘이며 내일도 곧 올 것이다.

———

변해야 성공한다

전투에 뛰어들어 당당히 맞서라.

그리고 과거는 역사 속에 묻어두어라.

이미 일어난 일, 과거는 이미 죽었다.

그 과거로 인해 축복받지도, 저지당하지도 않을 것이다.

용기를 가지고 앞으로 나아가라.

서 있는 곳으로부터 시작하라.

어떻게
변해야
하는가?

비전을 만들어라

단순히 시대의 흐름을 파악하고 그에 맞춰 변하려 하는 것도 바람직한 태도다. 하지만 자신이 변화해서 최종적으로 만나고 싶은 자신의 모습을 먼저 그려보는 것이 중요하다. 그런 최종적인 모습을 설정하지 않는다면 어려움이 닥쳤을 때 쉽게 좌절하거나 방향을 바꾸기 쉽기 때문이다. 이를 위해 '비전'을 세우는 작업이 필요하다. 비전이란 간단히 말해 '미래에 대한 그림'인 것이다.

헤어디자이너 박준, 패션디자이너 앙드레 김, 가수 서태지. 이들은 각 분야에서 소위 블루오션을 개척했다. 일반적 잣대로 보면 이들은 패배자다. 박준은 초등학교 졸업, 앙드레 김은 중학교 졸업, 서태지는 공고 중퇴가 학력의 전부이지만, 이들의 공통점은 자신의 분야에서 황제가 되려는 비전을 갖고 있었다. 혼혈청년 타이거 우즈도 골프로 세계를 지배하겠다는 비전을 갖고 있었다. 그 비전을 실현하기 위해 좌절하지 않고 끊임없이 연습한 결과, 세계적인 골프 황제로 거듭날 수 있었다.

우리는 비전을 가져야 한다. 꿈은 곧 에너지이며 세상을 상대로 당당하게 맞설 수 있는 힘을 준다. 꼭 황제가 되는 꿈이 아니어도 좋다. 통계에 따르면 자신의 목표가 분명한 사람이 전체의 3%도 안 된다고 한다. 그 3%의 사람들이 각 분야에서 큰 성공을 이룬다. 그런 성공의 밑바탕에는 언제나 비전이 있었다. 비전을 만드는 데는 비용이 들지 않는다. 가급적 큰 비전을 가져라. 흑인인 콘돌리자 라이스*Condoleezza Rice* 미 국무부장관은 현재 세계에서 가장 영향력 있는 여성으로 평가받고 있다. 라이스가 어릴 적 아버지와 함께 백악관을 구경하러 갔다가 이렇게 말했다. "아빠, 제가 백악관 안에 들어가지 못하고 밖에서 구경해야 하는 것은 피부색 때문이에요. 하지만 두고 보세요. 저는 반드시 저 안으로 들어갈 거예요." 불과 10살 소녀의 당돌한 발언은 25년 후 현실이 됐다. 라이스는 어렸을 때 '백인들보다 2배는 더 잘해야 한다'는 신념을 가지고 있었다. 그 신념이 바로 성공의 바탕이 되었다.

비전을 갖기 위해서는 세상에 하나뿐인 나를 인식하고 자신감을 가져야 한다. 마이클 조던은 초등학교 때부터 농구를 시작해 열두 살에 MVP로 선정됐지만 고교시절, 대표팀에서 탈락되는 수모를 겪기도 했다. 하지만 그는 실력을 증명하려 끊임없이 노력했고, 결국 세계 최고의 농구선수가 되었다. 미국의 저명한 카운슬러인 잭 캔필드*Jack Canfield*와 마크 빅터 한센*Mark Victor Hansen*이 쓴 《영혼을 위한 닭고기 수프》는 서른 세 곳의 출판사에서 거절당했다. 아무도 안 읽을 거라며 외면당했던 이 책은 현재 전 세계 언어로 번역되어 1천만 부 이상이 판매되었다. 또 미국의 역사가 프랜시스 파크먼 *Francis Parkman*은 5분 이상 일할 수 없는 격심한 통증을 느끼면서 평생 살아야 했다. 더구나 시력도 나빠 원고지 한 장에 크게 몇 자밖에 쓰지 못했다. 하지만 그는 20권이 넘는 역사책을 남겼다. 이들이 성공할 수 있었던 힘은 어디에서 나왔을까? 그것은 바로 비전이다. 위대한 비전은 마음에서 출발한다. 우리에게는 할 수 있다는 자신감이 무엇보다 소중하다. 그 자신감이 성공으로 이끄는 원동력이 된다. 한국의 경제규모가 세계 12위인 것도 우리 민족에게 '할 수 있다'는 정신이 있었기 때문이다. 현실은 힘들고 어렵지만 미래에 대한 희망을 가지고 과감히 도전해야 한다. '높이 나는 새가 멀리 본다’는 말처럼 미래는 언제나 넓은 시야와 희망을 가지고 준비하며 노력하는 자의 몫이다.

자신의 비전을 이루기 위해서는 ‘비전선언서’를 작성할 필요가 있다. 단지 ‘나는 이렇게 변하겠다!’라는 생각만으로 현실은 결코 변하지 않는다. 또한 말로만 해서도 안 된다. 자신의 계획을 구체적으로 종이에 적어야 한다. 남의 눈을 의식하지 말고 온전히 당신자신과 대화해보라, 그리고 진정 되고 싶은 당신의 모습을 적어라. ‘미래의 나는 어떤 모습으로 살고 있을 것이다’라고 말이다. 하지만 적는 것이 끝이 아니다. 비전을 적은 종이를 눈에 잘 보이는 곳에 두거나 지갑 속에 넣고 다니면서 수시로 보면서 그것이 자신이 나아가야 할 방향이라는 것을 잊지 말아야 한다. 그리하면 현재 자신이 하고 있는 일이 과연 미래의 모습을 만드는 데 적절한 것인지 판단할 수 있게 되고 자신의 행동을 미래에 맞춰 수정할 수 있게 된다.

자, 당신의 비전은 무엇인가? 그것을 위해서 현재 어떤 노력들을 기울여야 할 것인가?

지식은 나의 무기다

　요즘 '1인 지식기업' 이 늘고 있다. 강의를 잘 하는 사람, 사회를 잘 보는 사람, 글을 잘 쓰는 사람, 노래를 잘 하는 가수, 연기를 잘 하는 탤런트, 요리를 잘 하는 사람 등 특정 분야에 노하우를 가지고 혼자 높은 수입을 올리며 살아가는 사람이 많아지고 있다. 그래서 이런 유명 가수나 탤런트, 강사를 한 번 모시려고 하면 상당한 금액을 지불해야 한다. 물론 출연하는 사람도 그동안 투자한 금액뿐만 아니라 그만한 위치를 유지해 나가려면 많은 돈이 들 것이다.

　'과거 자본가들은 자신들의 부(富)를 이야기할 때 공장과 설비 그리고 자원의 소유에 대해 이야기했지만, 미래 자본가들은 지식을 얼마나 장악하고 있느냐에 대해 말하게 될 것' 이라고 미국 MIT대학의 레스터 서로우 *Lester G. Thurow*교수는 전망하고 있다. 다시 말해 예전에는 눈에 보이는 회사의 설비와 부동산, 자금 등 유형자산만을 중요하게 인식했다면, 요즘에는 사람의 머릿속에 들어 있는 무형자산인 지식을 중요한 자산으로 인식하기 시작했다는 것이다. 이는 지속적인 생산성 향상과 국제화로 인해 물질이 갖는 희소성의 가치는 점차 감소하고 있기 때문이다.

　이러한 지식이나 아이디어를 계속 만들어낼 수 있다면 커다란 기업들과 당당하게 거래할 수 있는 막강한 힘을 갖게 된다. 이게 바로 지식과 두뇌 중심의 사회가 몰고온 커다란 변

화이다. 또한 자신과 부딪히는 외부세계, 즉 시장에서 부가가
치를 창출하지 못한다면 살아있는 지식이라고 할 수 없다. 더
욱 치열해지는 환경에서 지식이 갖는 권력의 힘을 주시하면
서 보다 새로운 시각으로 주변과 세계를 바라보기 위해 노력
해야 한다. 그리고 지금까지는 생산직들이 벌어들여 사무직
을 먹여살리는 추세였지만, 이젠 거꾸로 컴퓨터 앞에 앉은 지
식 일꾼들의 생산성에 따라 생산직 근로자의 삶의 질이 결정
되는 시대로 변하고 있다. 따라서 조직 내에서 전문 지식을
찾고, 조직하여 전달하고, 활용하는 광범위한 프로세스를 갖
춘 지식경영이 필요하다.

지식근로자로 살아라

앨빈 토플러*Alvin Toffler*는 《권력이동》에서 '폭력은 가장
질(質)이 낮은 저품질의 권력이며, 부(富)는 중품질의 권력이
고, 지식이 고품질의 권력' 이라고 지적했다. 또한 지식은 약
자와 가난한 사람도 소유할 수 있어 진정한 혁명의 성격을 지
니며, 가장 민주적인 권력의 원천이라고 했다. 따라서 누구나
마음만 먹고 열심히 노력하면 고품질의 권력을 가지는 지식
근로자가 될 수 있다.

지식 근로자가 되기 위해서는 각 분야에 정통한 사람이 되
어야 한다. 그러기 위해서는 평소 지적인 생활을 하는 습관이

몸에 배도록 해야 한다. 일본의 와타나베 쇼이치는 자신의 저서인 《지(知)적 생활의 방법》에서 책 사는 것을 반대하는 이성과의 결혼은 재고해야 한다고 할 정도로 지적인 생활에 있어서 독서의 중요성을 강조했다. 또한 부모가 서재에서 책을 보는 모습을 보여주는 것은 자녀의 지적인 생활을 유도하기 때문에 교육적인 측면에서도 독서를 권하는 것이 중요하다고 지적한다. 결국 지식근로자가 되기 위한 첫걸음은 독서라는 것이다.

하지만 독서를 할 때도 한 가지 명심해야 한다. 바로 전체적인 흐름을 먼저 읽어내야 한다는 것이다. 과거를 알아야 현재의 트렌드를 파악할 수 있고 미래를 진단할 수 있기 때문이다. 이처럼 지식은 정보의 패턴을 파악하는 작업에서 탄생한다. 이는 현상을 다양한 각도에서 파악해 진리를 추구하는 능력이라고도 할 수 있다. 그러한 자신의 단편적인 성과를 생산적인 것으로 만들기 위해 '누가 그것을 이용할 것인가'와 '그것을 이용하는 사람이 이해해야 할 것은 무엇인가'를 고려해야 한다. 즉 소비자 입장에서 지식 생산물을 만들어야 한다는 의미다.

피터 드러커는 《자기경영노트》에서 지식근로자가 목표를 달성하기 위하여 익혀야 할 것에 대해 다음과 같이 말하고 있다.

- 목표를 달성하는 지식근로자들은 자신의 시간이 어떻게 사용되는지 알고 있다. 자신이 통제할 수 있는 시간이 아주 미미하더라도 체계적인 관리가 필요하다.

- 목표를 달성하는 지식근로자들은 자신의 노력을 업무 자체가 아닌 결과에 집중한다. 노력은 업무 자체가 아닌 결과에 연결되어야 한다. '내가 창출하는 것으로 기대되는 결과는 무엇인가?' 라는 질문처럼 결과를 예측하며 일을 하면 일하는 방법과 도구가 분명지게 된다. 방법과 도구는 결과를 예측하면 분명해지므로 결과에 집중해야 한다.

- 목표를 달성하는 지식근로자들은 자신의 강점을 바탕으로 성과를 낸다.

- 목표를 달성하는 지식근로자들은 목표 달성을 위한 체계적인 절차의 의사결정을 내린다.

지식경영은 조직이 가진 지적자산뿐 아니라 구성원 개인의 지식이나 노하우를 체계적으로 발굴하여 조직 내부의 보편적인 지식으로 공유하고, 이를 활용해 조직 전체의 경쟁력을 향상시키는 경영이론이라 정의할 수 있다. 맥도널드, 코카콜라, 노키아 등의 세계 유수의 글로벌 기업들도 끊임없이 이러한

지식경영에 많은 시간과 자원을 투자하고 독특하게 응용하여 성공하고 있다. 지식경영을 하나의 패러다임으로 인식한 기업들과 마찬가지로, 개인도 지식경영의 개념을 도입하여 활용한다면 자신의 몸값을 올리는 데 큰 효과가 있을 것이다.

나를 브랜드화 하라

20대 초반의 가수 보아는 '1인 기업'이라고 할 수 있을 정도의 부가가치를 일본에서 올리고 있다. '보아'라는 이름 자체가 유명 브랜드인 셈이다. 그녀는 유창한 일본어 실력과 열정적인 목소리 그리고 매혹적인 비주얼로 무대를 뜨겁게 달구었다. 또 일본 최고 가수의 반열에 올라 한류 열풍의 진원지 역할을 하고 있으며 2005년 부산 APEC 행사에서도 각국 정상들 앞에서 노래 실력을 유감없이 발휘했다. 그러나 보아의 야망은 아직 끝이 없다. 최근에는 중국 무대에 서기 위해 중국어 공부에 여념이 없을 정도다. 또 일본 열도를 후끈 달아오르게 한 '욘사마' 배용준은 개인 차원의 인기를 넘어 국가 브랜드를 높이는 선봉장 역할을 톡톡히 하고 있다. 덕분에 일본의 열성팬들은 한국제품을 구입하고, 한국관광 길에 오른다. 국경을 초월한 개인의 브랜드 가치가 얼마나 위력적인지를 보여주는 좋은 예들이다.

이처럼 자신의 이름을 브랜드화한 '1인 기업'이 계속 증가

할 것이다. 그만큼 미래사회는 자신의 브랜드 가치를 높이는 것이 우선시 될 것이다. 고객에게 확실히 각인된 브랜드를 가지고 있는 각 분야의 사람들은 24시간이 부족할 정도로 바쁘게 살아가고 있는 것을 봐도 알 수 있다.

필자는 2005년 8월부터 한국금융연수원에서 Pre-CEO(예비경영자)과정을 이수하였다. 각 분야의 저명인사들의 강의를 들으면서 느낀 것은 강사의 개인적인 경험이나 생각이 남들에게 감동을 줄 만한 가치가 있어야 강의도 설득력이 있게 된다는 것이었다. 그것이 바로 그 사람의 보이지 않는 브랜드의 힘이다.

브랜드 전략가인 래리 라이트 *Larry Light* 는 "브랜드가 전달하려는 메시지의 주요한 초점은 당신이 얼마나 보잘것없는 존재인가를 표현하는 것이 아니라, 당신이 얼마나 특별한 존재인가를 표현하는 것이 되어야 한다. 왜냐하면 당신의 목표는 브랜드의 차별적인 품질을 판매하는 것이기 때문이다"라고 말했다. 이처럼 개인은 누구나 남들과 차별화할 수 있는 개성을 지니고 그것을 브랜드화하려는 노력을 끊임없이 해야 한다. 두루뭉술하고 수동적인 태도로는 치열한 생존경쟁에서 살아남을 수 없다. 나만의 독특한 캐릭터를 개발하여 어떻게 나아갈지 전략을 짜보고 실천하자. 자신의 브랜드 가치를 높이는 사람만이 이 시대를 성공적으로 살아갈 수 있는 기반을 구축하게 될 것이다.

몸값
높이기
전략

성공의
기초마인드를 가져라

삶을 보다 충실하게 살고 또 성공하는 직장인이 되기 위해서는 나름의 '성공의 인프라' 를 만들어야 한다. 성공에 대한 커다란 줄기를 갖고 있으면 보다 효율적이고 분명한 삶의 원칙을 만들 수 있다. 다음과 같은 성공에 이르는 법칙을 기준으로 삼아 자신을 더욱 확실하게 담금질해보자.

첫째, 큰 뜻을 품어라. 독일의 시인 쉴러는 '인간을 위대하거나 왜소하게 만드는 것은 그 사람의 뜻에 달려 있다'고 했다. 작은 목표나 보잘것없는 욕망으로는 열정적인 상황을 만들어낼 수 없다. 애초에 품었던 꿈과 이상 그리고 자신이 원하는 것을 이루기 위해서는 매일매일을 아낌없는 열정으로 불태우고 소진해야 한다.

둘째, 자신의 강점을 활용해야 한다. 피터 드러커, 톰 피터스 등의 경영학자들은 하나같이 자신의 강점을 최대한 활용하라고 강조한다. 누구에게나 자신의 강점이 있다. 문제는 그 강점을 제대로 찾아 핵심 역량으로 키우는 것이다. 이제 어떤 분야라도 나름대로 가치를 부여하고 남보다 뛰어나게 경영하면 그게 바로 성공인 시대다. 자신에게 부족한 부분은 외부에 아웃소싱하면 된다. 내가 가장 관심 있고 스스로 열정을 불태울 수 있는 분야를 찾아야 한다.

셋째, 무엇을 하든 고객을 감동시킬 수 있는 자질을 갖추어야 한다. 제품이든 서비스든 고객에게 감동을 줄 수 있다면 시장은 반겨준다. 명품은 그냥 만들어지지 않는다. 고객에게 감동을 주었기 때문에 태어난다. 그래서 제품에는 혼(魂)을 담아야 하며 다른 제품과 차별화해야 한다. 서비스를 제공하는 사람도 마찬가지다. 어떤 분야에서 일하든 고객들이 필요로 하고 그들을 감동시킬 수 있는 독특한 서비스를 지속적으로 생산해낼 수 있다면, 높은 소득을 올릴 수 있다. 하지만 그 역량을 스스로 만들어내지 못한다면 기회를 잡을 수 없다. 이제 과거처럼 좋은 학교를 나왔다고 해서 그 이후에 평안한 삶이 보장되지 않는다. 의사, 변호사 등 전문 자격증을 갖고 있는 사람들 역시 끊임없이 자신을 명품으로 만들어가는 노력을 기울여야 한다.

넷째, 쾌적 존(Zone)을 깨뜨려야 성장한다. 사람은 모두 쾌적 존(Zone)이라는 것을 갖고 있다. 그 범위 내에 있으면, 저항감이 없고 마음 편히 쾌적하게 지낼 수 있다. 목욕탕에 비유하면 뜨겁지도 차갑지도 않은 가장 쾌적한 온도, 들어가면 나오고 싶지 않을 만한 미지근한 상태다. 회사 업무도 미지근한 상태가 되면 자극도 향상심도 없어져 거기에서 빠져 나올 수 없게 된다. 이런 쾌적 존을 타파하려면 노력이 필요하다. 병아리가 세상에 나오기 위해 껍질을 깨지 않으면 안 되는 것처럼 희생 없이는 목적을 달성하지 못하기 때문이다.

다섯째, 인격으로 일하는 사람이 되어야 한다. 세상을 움직이는 힘은 사람 안에 있다. 지금까지 세상을 조금씩 바꿔왔던 것은 엄청난 부와 권력이 아니라 인격을 갖춘 사람들의 양심이다. 사람들은 인격자의 언행을 존중하고 그것에 따르려고 하기 때문이다. 성공적인 사람은 감정에 따라 일하지 않고, 인격에 따라 일한다. 인격적 성숙함이 바탕이 되는 건강한 가치가 앞으로 지속가능한 경영의 핵심으로 더욱 부각될 것이다. 그래서 요즘 윤리경영이 더욱 각광을 받고 있다. 훌륭한 인격을 위해서는 끊임없이 훈련하면서 세상의 유혹을 이겨내는 자세를 갖추어야 한다.

창의적 아이디어는 성공의 열쇠다

몇 해 전 콜럼비아대의 물리학 교수인 존 포트나씨가 필자의 집에 1주일간 머물렀던 일이 있다. 당시 그분의 생활습관에 많은 자극을 받았다. 그는 69세의 나이에도 불구하고 새벽 5시면 어김없이 일어나 책을 보는 것이 하나의 습관이었다. 이러한 포트나 교수는 창의력이 곧 성공의 열쇠라는 것을 강조했다. 오늘날 미국이 큰 발전을 이룰 수 있었던 것은 바로 그러한 창의력을 존중하는 교육환경 때문이라고 했다. 그래서 세계의 우수한 학생들이 이러한 환경의 경쟁력 있는 대학들로 지적욕구를 충족시키기 위해 자발적으로 모여든다고 한다. 이것이 바로 미국의 대학과 기업 발전의 원동력이다. 그렇기 때문에 존 포트나 교수도 수업을 진행할 때는 철저하게 창의력을 키우는 과제를 주고 발표와 토론 위주의 수업을 한다고 말했다.

미래를 개척하는 힘은 '창의력 계발'이라고 생각한다. 많은 지식근로자들이 제품과 서비스의 수명주기처럼 자신의 지식수명주기가 짧아짐을 느낄 것이다. 이를 해결하려면 사무실에만 있지 말고 고객이나 사용자와 교류하여 새로운 정보와 지식을 습득해야 한다. 이 과정에서 아이디어가 떠오르게 될 것이다. 유용한 아이디어는 항상 '왜?' 라는 의문에서 출발한다. 이러한 창의력계발의 간단한 실천방법은 현재의 문제를 개선할 만한 아이디어를 찾는 것이다. 그러한 아이디어가 완벽할 필요는 없다. 특히 조직의 아이디어 발상회의인 브레인스토밍을 잘 활용하면 좋다. 브레인스토밍이란 어떤 특정 문제나 주제에 관해 구성원이 자유롭게 아이디어를 제시하여 문제해결의 실마리를 찾기 위한 기술이다. 이는 곧 한 사람이 아이디어를 내는 것보다 집단이 훨씬 많은 아이디어를 낼 수 있다는 뜻으로 실제 많은 조직에서 이 방법을 활용하고 있다.

조직 구성원의 창의성을 물이라고 가정해보자. 물이 고이면 썩게 마련이다. 따라서 그 물이 어디로 어떻게 흘러갈지는 물줄기를 어떻게 만드느냐에 따라 달라진다. 물론 기업 내 창의성은 한 사람의 천재적 아이디어에 의해 만들어지는 경우도 있지만 일반적으로 구성원 간의 정보교류와 의견조율, 아이디어의 유기적 흐름 속에서 탄생하는 경우가 많다. 이렇듯 조직 내의 물줄기가 잘 흐르기 위한 유연한 환경조성이 필요하다. 그러기 위해서는 팀별, 부서별 등의 브레인스토밍시 상대의 의견을 존중해야 한다. 그래야만 브레인스토밍을 할 수 있는 기본적인 분위기가 조성이 된다.

미래학자들은 현재 지식의 수명을 3~5년으로 추산하고 있다. 이것은 매일 일정시간을 투자해 계획적이고 조직적인 재학습 과정을 밟지 않으면 시대의 변화를 따라가기가 어려워진다는 말이다. 이러한 변화는 조직뿐만 아니라 개인에게도 해당된다. 개인의 능력이 기업 경쟁력의 원천이 되는 가장 가치 있는 지적 자본이기 때문이다. 따라서 늘 학습하고 창의적인 자세를 가져야 미래를 개척해나갈 수 있다.

독서로 톱날을 갈자

산에서 열심히 톱으로 나무를 베고 있는 나무꾼에게 지나가던 사람이 물었다.

"당신은 매우 지쳐 보이는군요. 얼마동안 나무를 베었습니까?"

"벌써 다섯 시간째 톱질을 하고 있소. 지금 몹시 지쳤소."

"잠깐 톱질을 멈추고 톱날을 가는 게 어떤가요. 그러면 일이 훨씬 빨라질 텐데요."

"내겐 톱날을 갈 시간이 없어요. 톱질만 하기도 너무 바빠요."

톱날을 먼저 가는 것이 중요한 것처럼 무슨 일이든 중요한 일을 먼저 해야 한다. 휴식을 취해야 체력도 유지할 수 있는 법이다. 삶도 마찬가지다. 재충전을 해야 새로운 에너지가 생긴다. 아무리 업무가 바빠도 새로운 지식을 습득하지 않으면 시대에 뒤떨어지고 새로운 아이디어를 얻기도 힘들다.

세상은 빠른 속도로 변하고 있다. 이러한 흐름 속에서 생존하려면 자신의 능력을 지속적으로 업그레이드해야 한다. 끊임없이 학습과 자기계발에 힘쓰며 현재의 위치와 상황에 안주하지 말고 잠재력과 기회요인을 바탕으로 발전의 계기를 마련해야 한다. 자기계발의 많은 방법 중 가장 효율적인 것은 독서라고 생각한다. 신문이든 책이든 읽는 사람(Reader)이 지도자(Leader)가 된다고 한다.

나는 2005년, 한국금융연수원의 예비경영자(Pre-CEO)과정 교육을 받으면서 '나 자신을 위해 톱날을 갈자'고 결심했다. 그 방법으로 독서를 택했다. 물론 강의를 통한 지식을 얻는 것도 중요하지만 남는 시간을 주로 독서에 활용하기로 했다. 다행히 연수원 도서관에는 관심분야의 좋은 책이 많아 마음의 양식을 쌓는 데 많은 도움이 되었다. 이를 통해 내가 잘 모르는 것이 너무 많다는 것을 깨닫게 되었고, 부족한 부분을 더욱 보충해야겠다는 생각이 들었다.

철학자 데카르트는 좋은 책을 읽는 것은 과거의 가장 훌륭한 사람과 대화하는 것이라고 했다. 제한된 공간과 한정된 시간을 살아가는 우리에게 책은 인생의 지혜를 쉽고 정확하게 알려준다. 책은 인생의 가장 좋은 스승이라고 한다. '우리는 우리가 읽는 것으로 만들어진다'는 독일의 문호 마틴 발저 *Martin Walser* 의 말처럼 책은 우리 인간이 살아가는 데 가장 유익한 길잡이다.

하지만 책을 무작정 읽는 것보다 자기 나름대로 독서태도와 습관에 대해서 한 번쯤 고민할 필요가 있다. 의사에서 경영인으로 변신한 안철수 박사의 《CEO 안철수, 지금 우리에

게 필요한 것은》에서 말하는 독서방법을 요약해 보면 다음
과 같다.

- 사람들이 책을 통해서 얻을 수 있는 것은 자기가 이미 알고 있고 경험한 정도에 비례한다. 어떤 책을 한 번 읽었다고 해서 그 내용을 모두 이해하고 있다고 자신하는 것은 위험한 생각이며, 다른 사람이 같은 책을 읽었다고 해서 그 사람의 지식이 나와 같을 것이라고 단정하는 것 역시 잘못된 생각이다.

- 유익한 책 읽기의 또 하나의 열쇠는 사색이다. 책장을 넘겨 책 한 권을 해치운다는 마음보다는 얼마나 많은 것을 얻을 수 있느냐에 중점을 두어야 한다.

- 유익한 책 읽기를 하려면 편식하지 말아야 한다. 관심 있는 분야의 책만 집중해서 보는 것이 꼭 잘못된 것은 아니지만, 편협한 사고방식을 가지게 된다면 경계해야 한다.

- 책을 읽을 때 마음에 드는 견해만 받아들이고, 마음에 들지 않는 것은 거부하거나 대충 읽고 넘어가서 곧 잊어버리는 잘못을 범하지 말아야 한다. 자신의 실수에 대한 변명이나 방어 논리를 만드는 데 열중해서 책을 읽어서는 안 된다.

- 책은 우리가 현실에서 필요로 하는 직접적인 답을 제공해 주지 않

는다. 책은 해답을 제시해 주는 지도자나 선생님이 아니라 우리의 옆에서 여러 가지 견해를 들려주는 충실한 조언자이자 동반자로 생각해야 한다. 결국 정답은 자기가 찾아야 한다.

- 책은 읽는 것으로 끝나면 안 된다. 책은 많은 변화를 일으킬 수 있다. 새로운 시각은 궁극적으로 마음가짐의 변화와 생활 습관의 변화, 일하는 방식을 변화시킨다.

- 교육과 마찬가지로 책이 그 사람에게 영향을 미치려면 어느 정도의 시간이 필요하다는 사실을 알아야 한다. 어떤 경우에는 몇 년 후에 그 효과가 나타나기도 한다. 따라서 책을 읽고 난 후 효과가 바로 나타나지 않는다고 해서 조급한 마음을 가져서는 안 된다. 좋은 책일수록 서서히 확실한 효과가 나타나기 때문이다.

메모를 습관화하라

성공한 사람들은 메모광이라는 공통점이 있다. 남보다 앞서는 사람은 머리좋은 사람이 아니라 메모 잘 하는 사람이다. 메모는 생활의 축소판이며, 인생의 설계도다. 메모 예찬론자들은 흔히 '메모는 돈이다' 라고 말한다. 메모한 자료를 정리하고 보관해두면 하나의 정보로서 잊어버렸던 일을 기억해 내거나 나중에 여러 형태로 활용할 수 있다. 기억해두면 좋은 아이디어나 사실들을 기록하면 언제든 내 것으로 만들 수 있다. 현대는 정보와 지식이 생활의 필수 에너지로 기능하는 사회다. 어디서든 정보를 쉽게 접할 수 있는 오늘날에는 필요한 정보와 문득 떠오르는 아이디어를 메모하는 습관이 필요하다.

매일 수많은 정보를 받아들이지만 기록하지 않으면 내 것이라고 믿었던 정보도 결국 물고기처럼 빠져나가버리고 만다. 기억은 짧고 기록은 영원하다. 또 메모는 사람을 자유롭게 만든다. 메모란 잊지 않으려 하는 것이 아니라 기록한 후 잊기 위해서도 한다. 이처럼 메모하는 습관은 비즈니스는 물론, 우리의 삶을 풍요롭게 해준다. 메모하는 순간 성장하고 있는 것이다.

메모하는 습관을 가진 사람과 아닌 사람의 차이는 사소해 보이지만 그 차이가 인생의 명암을 결정하기도 한다. 주변의 성공한 사람들을 보면 모두 메모에 익숙한 사람들이다. 구 소련의 과학자 알렉산드르 류비세프는 70권의 학술서적과 총 12,500여 장에 달하는 연구논문을 남겼다. 전공분야인 곤충분류학 외에도 농학, 유전학, 수학, 철학 등을 총망라하는 방대한 저작들을 남길 수 있었던 원동력은 26세부터 죽는 날까지 하루도 거르지 않고 쓴 일기에 있었다고 한다. 이민규씨는 《1%만 바꿔도 인생이 달라진다》에서 메모하거나 기록하는 습관이 인생의 엄청난 차이를 가져온다며 이렇게 말한다.

1953년 예일대학교의 한 연구팀이 그 해 졸업반 학생들을 대상으로 분명한 삶의 목표를 글로 써서 가지고 있는 학생이 얼마나 되는지 조사했다. 그들 중 단 3%의 학생들만 글로 쓴 목표를 갖고 있었다. 20년이 지난 1973년, 이들을 대상으로 한 추적조사가 실시되었다. 글로 쓴 목표를 가지고 있었던 3%의 사람들이 소유한 부(富)는 나머지 97%의 사람들 모두의 재산을 합친 것보다 더 많았다. 하버드대학교의 연구결과도 이와 유사했다. 80%의 학생들은 특별한 목표가 없었고, 15%는 단지 생각만으로 목표를 가지고 있었으며, 나머지 5%는 글로 적은 뚜렷한 목표(데드라인을 정한)를 가지고 있었다. 그 5%에 속하는 학생 각자가 이룬 성과를 보았더니 그들 스스로 정한 목표를 능가했을 뿐 아니라 그들이 이룬 것을 전체적으로 보았을 때 나머지 95%를 합친 것보다 더 큰 성과를 이루었다.

처음부터 메모를 습관화하기는 힘들다. 하지만 메모는 하면 할수록 필요성과 중요성을 느끼게 되어 저절로 습관화되기 마련이다. 낙서하듯, 숨 쉬듯, 편하게, 자연스럽게 메모하면 된다. 오늘 한 일과 내일 할 일에 대한 메모는 기본이다. 중요한 일을 맡게 되거나 고객에게 요구사항을 들었을 때는 나중에 보더라도 당시의 긴장감과 집중력을 느낄 정도로 자세하게 메모하면 좋다. 또 다음에 해야 할 일, 만나야 할 사람을 간단히 메모해두면 효율적인 시간관리를 할 수 있다. 그리고 메모습관이 생기면 전보다 많은 일이 눈에 들어오고 많은 생각이 떠오른다. 메모를 하면 뇌가 활발하게 움직이기 때문이다. 성공하는 이들은 자신이 꼭 해야 할 몇 가지 목표를 메모해 늘 주머니에 넣고 다니면서 볼 때마다 스스로 다짐하고 자신을 추스르는 계기를 만들기도 한다.

메모하는 의미와 이유를 확실하게 이해하지 못한다면 형식적인 메모가 될 뿐이다. 처음에는 습관을 기르기 위해 형식적인 메모를 하지만, 어느 정도 습관이 되고 자신만의 양식을 갖추면 업무나 일상생활에 유용하게 활용할 수 있다. 자신의 메모나 기록을 다듬어 효과적인 지식이나 정보 혹은 아이디어로 재창조하는 것도 성공으로 가는 지름길이 될 수 있다. 예를 들어 메모나 기록한 사실들을 주제별로 정리해보면 나중에 한 권의 책을 만들 자료가 되기도 한다.

베스트셀러 작가인 루이스 라무르 *Louis L'Amour*는 글을 잘 쓰는 성공비법이 무엇이냐는 질문에 "무엇이든 상관 말고 글을 쓰기 시작하시오. 수도꼭지를 틀기 전까지는 물이 흐르지 않습니다"라고 대답했다 한다. 그는 현재 100종 이상의 책을 발간하여 세계 각국에서 그의 이름을 날리고 있다. 필자도 가끔 아이디어 하나로 식은땀이 날 만큼 미적거리며 글을 쓸 때가 있다. 그러나 나중에 하나의 글로 완성된 것을 보면 인간의 두뇌란 정말 대단하다는 생각을 하게 된다. 수도꼭지를 틀어야 물이 나온다는 평범한 진리가 글쓰기에도 적용되는 것이다. 이를 통해 메모의 습관과 보관해놓은 기록이 큰 힘이 된다는 사실을 다시 한번 알 수 있다.

기록의 가치를 깨닫고 메모를 바탕으로 성공하는 사람이

되기 위한 효과적인 메모요령은 다음과 같이 요약해볼 수
있다.

* 언제 어디서든 메모하라.

  메모는 타이밍이다. 주머니 크기의 작은 수첩을 준비해 언제든 메
  모할 수 있는 환경을 만든다. 중요한 것은 머리보다 펜이 움직여야
  한다는 사실이다. 순간적으로 떠오른 아이디어는 즉시 메모해야
  한다. 수첩이 없을 때는 휴대전화의 음성메시지를 이용해도 좋다.

* 중요한 사항은 한 눈에 띄게 하라.

  중요한 말에는 밑줄, 동그라미, 별표 등을 달거나 형광펜으로 표시를
  한다. 자기만의 기호와 암호를 사용해 효과적으로 활용하면 된다.
  아주 중요한 항목에 대해서는 별도의 장으로 요약해 눈에 잘 띄게 한
  다. 반복하다보면 언젠가 자기만의 개성 있는 메모를 할 수 있다.

* 스케치로 메모하라.

  메모는 문장으로 표현하는 것이 전부라는 고정관념을 버리자. 순
  간적으로 스치는 생각을 스케치해보면 문제나 과정의 핵심을 꿰
  뚫는 내용을 담을 수 있다. 이따금 해결하려는 과제를 머릿속에 그
  리고 손이 가는 대로 스케치해보면 문제해결의 실마리를 잡아낼
  수 있다. 세부적인 것에 얽매이지 말고 전체를 구성하는 여러 요소
  들 사이의 상호관계를 이해하고 전체구도를 파악하는 정도의 스
  케치면 충분하다.

- 충분하지 않다.

  메모한 내용에 의견이나 감정을 삽입해 놓으면 나중에 유용한 가치가 될 수 있다. 생산적인 메모는 사실을 기반으로 하되 자신만의 주장을 담아야 한다. 그러나 기억해야할 점은 육하원칙에 따라 정확하게 메모해야 한다. 자신을 중심으로 상대방의 이야기나 주장을 재해석해 메모하는 방법도 좋은 방법이다.

- 리뷰하는 시간을 가져라.

  메모한 내용을 다시 읽어보고 활용한다. 해결 안 된 문제들을 하나씩 확인하고 정리해나가야 한다. 그 과정에서 해결된 문제에서는 성취감도 느낄 수 있고 미결된 일은 다시 챙기게 된다. 따라서 메모를 리뷰하는 시간을 규칙적으로 가져야 한다. 또 메모를 통해서 자신을 발견할 수 있다. 메모를 하면 자기반성이 되고, 또렷하게 정리되는 효과도 얻을 수 있다. 메모를 통해 자신을 객관적 시각으로 바라보는 능력을 길러보자.

- 메모를 데이터베이스로 구축하라.

  메모와 기록, 즉 정보는 주제별로 정리하여 보관할 필요가 있다. 그러면 메모를 통해 한 권의 책을 엮을 수도 있다. 인맥관리를 위해서 명함 중심으로 메모를 별도로 관리해보는 것도 좋다. 메모는 나중에 인생의 축소판으로 더욱 유용하게 쓰일 것이다. 메모나 기록을 통해서 한 단계 도약할 수 있는 길을 찾아보자.

시간을 디자인하라

성공한 사람들의 공통점 중 하나는 시간을 계획적이고 효율적으로 사용했다는 것이다. 엘리휴 버릿*Elihu Burritt*은 생계를 위해 대장장이 일을 하면서 18가지 고대어와 현대어, 그리고 22가지의 유럽 방언을 마스터했다. 의사인 존 메이슨 굿*John Mason Good* 박사는 왕진을 가는 마차 안에서 루크레티우스의 시를 번역했다. 찰스 다윈도 마차를 타고 시골집을 전전하면서 미리 준비해둔 쪽지에 생각을 적어두는 방식으로 자신의 거의 모든 저작물을 집필했다. 이들은 보잘것없는 짧은 시간을 소중하게 생각하고 효율적으로 사용해 거대한 업적을 이룩했다고 새뮤얼 스마일즈*Samuel Smiles*는 《인생을 최고로 사는 지혜》에서 밝히고 있다. 결국 훌륭한 시간관리는 성공에 이르는 지름길인 것이다.

시간은 아무리 수요가 많아져도 공급을 늘릴 수 없다. 우리에게 주어진 시간은 하루에 24시간밖에 없기 때문이다. 어제의 시간은 영원히 지나가고 결코 되돌아오지 않는다. 그러므로 시간은 늘 공급 부족 상태에 있다. 이처럼 시간은 무형의 소모적 존재이므로 면밀하게 디자인하여 낭비 없는 생활이 되도록 해야 한다. 시간관리는 우리가 성취하고 싶은 바를 효율적으로 이루도록 도와주기 때문이다.

우리가 시간을 관리하지 못하는 가장 큰 이유는 명확한 목표가 없기 때문이다. 목표를 정해놓고 일을 하면 분, 초가 아까울 정도로 시간의 소중함을 느끼지만 특별한 목표 없이 그냥 지낼 때는 소중함을 알지 못한다. 중요하다고 판단되는 목표와 업무를 결정해 일의 우선순위를 정해놓고 그에 따라 행동할 때 시간을 효율적으로 사용할 수 있는 것이다.

고속 승진하는 사람들의 공통점은 일의 신속성이다. 그들은 망설임이나 주저함 없이 공을 잡고 뛴다. 그래서 그들은 '바로 지금 여기에서 한다'는 신념이 굳어져 있다. 아버지 없이 태어나 시카고의 길거리에서 신문팔이를 했던 클레멘트 스톤은 저서 《행동하라! 부자가 되리라》에서 '지금 하라!'는 반복적인 다짐이 가난을 극복하고 부자가 될 수 있었던 핵심 요소라고 말한다. 또한 전 세계에 지점이 있는 그의 회사에서는 아침마다 모든 직원이 모여서 '지금 하라'는 구호를 50번 외친 다음 하루 일과를 시작할 정도로 그의 주장을 실제로 적용하고 있다. 이처럼 오늘 바로 시작하는 것이 중요하다. 내일이면 또 다른 일이 생기기 때문에 오늘 당장 실현하는 것이 시간을 절약해주고, 성과를 높이는 길이기 때문이다.

일의 방향을 어떻게 정하느냐에 따라서 일의 생산성과 집중도가 달라진다. 예를 들어, 써야 하는 편지가 딱 한 통 있는데 '그냥 한 통 쓰면 되지' 하는 마음을 가지면 편지를 쓰는데 하루가 소요될 수도 있다. 일의 능률성을 전혀 생각하지 않기 때문이다. 그러나 하루에 20통의 편지를 써야 한다고 하면 더욱 긴장이 돼 하루 만에 편지 20통을 다 쓰는 결과를 가져오기도 한다. 결국 일은 정해진 목표에 따라 발휘될 수 있는 능력이 다르게 나타난다. 일의 방향을 잡고 그에 초점을 맞춰 에너지를 집중하면 기대 이상의 성과를 가져올 수 있다.

브라이언 트레이시 *Brian Tracy*는 《타임 파워, 잠들어 있는 시간을 깨워라》에서 시간을 효율적으로 활용하기 위해서 자기 자신에게 계속해서 다음과 같은 질문을 끊임없이 하라고 말한다.

TIP | 04

- 내가 월급을 받는 이유는 무엇인가?
- 나는 무엇을 하기 위해 고용되었는가?
- 지금 나의 중요한 목표나 대상은 무엇인가?
- 지금 이 순간 내가 할 일은 무엇인가?
- 나는 어떤 성과를 올리기 위해 고용되었는가?
- 지금 하려는 일이 나의 가장 중요한 목표를 달성하는 데 기여하는가?

좋은 업무습관은 어떤 영역에서건 성공의 보증수표다. 따라서 낭비하는 시간이 없도록 생활화하는 것이 중요하다. 다음의 '시테크' 전략 원칙을 통해 매일매일의 삶에서 시간이라는 자원을 어떻게 활용할 것인가를 고민하면서 최대의 효율을 내도록 해보자.

- 시간에 휘둘리지 말고 시간을 경영하라.

  시테크의 기본은 효율적인 시간 이용이다. 분초를 다퉈가며 시간을 쪼개 쓰는 것이 목적이 아니라, 자신이 하고자 하는 일에 집중적으로 시간을 쓰고 나머지 일에는 비교적 여유 있게 써야 한다.

- 우선순위를 확실히 하라.

  어떤 일이 중요하고 가장 먼저 처리해야 하는지 확실히 구분할 수 있다면 이미 시테크는 절반 이상 성공한 것이다. 중요도에 따라 A, B, C 순으로 순서를 정하고, 다시 A그룹 중에서도 먼저 처리할 일을 1, 2, 3 순으로 번호를 매겨보자.

- 미루는 습관을 버려라.

  늘 시간에 쫓기며 일을 처리하는 사람들의 공통점은 일을 미룬다. 어차피 해야 할 일이라면 미루기보다는 눈에 보일 때 처리한다는 마음가짐을 가져보자.

- 반복되는 일은 단순화하라.

  자잘하고 반복적인 일을 하며 하루의 대부분을 보낼 수는 없다. 단순하게 처리할 수 있는 방법을 찾아내거나 주위 동료와 일을 나눠 짧은 시간에 처리해보자. 하루 일과가 훨씬 여유로워진다.

- 업무마다 마감시간을 둔다.

업무에 들어가기 전 미리 마감시각을 정해보자. 집중도도 높아지고 성취감도 커진다. 업무 마감 후엔 10분간의 달콤한 휴식시간도 반드시 챙기자.

• 단호하게 노(No)를 외쳐라.
쓸데없는 부탁이나 유혹에는 확실하게 거부 의사를 밝혀라. 물론 거절이 쉽지는 않지만 약속 제의를 받으면 무조건 승낙하지 말고 1~2분 동안 자신의 시간을 체크하는 습관을 들이면 의외로 어렵지 않다.

범위를 좁혀 집중하라

임기응변식의 노하우를 가지고는 세상어서 살아남을 수 없다. 소규모일지라도 한정된 분야에서 확실하게 주도권을 잡아야 살아남을 수 있다. 중요한 것은 '규모'가 아니라 '방법'이다. 일을 하는 데 있어서도 지혜로운 전략이 필요하다. 단순히 땀을 흘리며 열심히 노력하는 것만으로는 부족하다. '노력'은 칭찬의 대상은 될 수 있지만 결국엔 성과가 모든 것을 대변하기 때문이다.

전쟁에서 전선을 광범하게 형성하고 공격을 펼치는 것은 자살행위나 다름없다. 승리를 거둘 수 있는 유일한 전략은 전선을 좁게 형성해 공격을 펼치는 것이다. 이것이 바로 군사전략 제1의 원칙이다. 개인에게도 이런 원칙이 그대로 적용된다. 실제로 주어진 시간에 한 가지 핵심적인 일만 하는 것이 생산성이나 효율성면에서 효과적이다. 따라서 개인의 경쟁력을 갖추기 위해서는 범위를 좁혀 명쾌하고 간결한 무기를 갖는 것이 필요하다. 그러한 분위기에 발맞춰 직장인들도 이제는 '전문화' 로 무장하기 시작했다. 한 예로 은행원 개인들의 태도가 IMF이전과는 완전히 달라지고 있다. 현재 은행원들 사이에는 공인회계사 · MBA(경영학석사) · CFA(재무분석사) · FP(자산설계사) 등 자격증 취득 열기가 뜨겁다. 어떤 은행은 '1인당 한 개 이상 자격증 따기 운동' 을 벌인 적도 있었다. 이처럼 앞으로는 전문화로 무장해야 경쟁력을 갖게 된다는 것을 잘 인식하고 있다는 방증이다.

핵심에 시간을 투자하라

일을 할 때 무작정 열심히 노력한다고 해서 좋은 결과가 얻어지지 않는다. 하지만 많은 사람들이 비생산적이고 무의미한 일에 수많은 시간과 노력을 자신도 모르게 투자하고 있다. 이는 투자가 아니라 낭비일 뿐이다.

'어떻게 일을 하면 성공할 것인가' 를 고민하는 사람이라면 80/20 법칙을 정확히 이해해야 한다. 이 법칙을 발견한 빌프

레도 파레토 *Vilfredo Pareto* 는 조국 이탈리아의 경제를 연구하다가 전체 인구의 20%가 토지의 80%를 소유하고 있다는 사실을 알게 되었다. 그 뒤 사회·자연현상에서 발견한 다양한 근거로 그는 소수의 요인들이 대부분의 성과를 만들어낸다는 결론을 내렸다. 세월이 흘러 파레토의 연구는 '80/20법칙'으로 자리매김되었고, 이를 일명 '파레토법칙'이라고 부르게 됐다.

80/20법칙은 일상에서 흔히 발견할 수 있다. 인구의 20%가 소득세 80%를 낸다. 학교에서는 학생의 20%가 교사의 시간 80%를 차지한다. 외출할 때 80%는 옷장에 걸린 옷의 20%만 입는다. 비즈니스 고객의 20%가 매출의 80%를 올려준다. 상품이나 서비스의 20%가 수익의 80%를 담당한다. 전체 영업사원의 20%가 실적의 80%를 달성한다. 고객의 20%가 전체 문제의 80%를 일으킨다….

금융기관에서도 수익성 있는 고객의 순위 20%가 전체 이익의 80%를 발생시킨다. 이것은 수익성이 높은 고객을 목표로 삼는 것이 효율적인 경영이라는 것을 의미한다. 오늘날 프라이빗 뱅킹(PB)이 활성화되고 있는 것도 수익기반을 VIP고객에 두고 있기 때문이다.

필자는 군대시절 전방에서 포병부대 상황실에서 근무하였다. 상황실에서 함께 근무한 ROTC출신 K중위는 '매일 주요 업무 중 2시간만 집중해서 처리하면 나머지는 쉽게 이루어진다' 며 집중력을 강조했다. 그의 말에 따라 강한 집중력으로 업무를 처리하고 나면 쉴 때는 머리에 공허감을 느낄 정도였다. 이러한 효율적 습관 덕분에 남이 볼 때는 여유가 많아 놀고 있는 것 같은데도 부대별 대항전이 붙으면 우리 부대가 1등을 하곤 했다. 자연스럽게 부대원들의 사기가 충천할 수밖에 없었다.

우리가 현재 하고 있는 일도 20%만이 전체 일이 지니는 가치의 80%를 차지할지 모른다. 브라이언 트레이시*Brian Tracy*는《타임 파워, 잠들어 있는 시간을 깨워라》에서 일을 시작하기 전 '매일매일 모든 시간에 이 법칙을 적용하여 일하고, 행동하기 전에 시간을 갖고 생각해서 당신과 회사에 가장 큰 이익을 주는 상위 20% 일에 집중하라' 고 당부하고 있다.

경영컨설턴트 리처드 코치*Richard Koch*는 자신의 능력을 발휘하고 여유롭게 지내면서도 가장 많은 보상을 받을 수 있는 방법으로 '80/20법칙 10계명' 을 다음과 같이 제시하고 있다. 결국 이는 핵심분야인 20%에 집중하면 나머지 80%는 쉽게 성과가 나타날 수 있음을 의미한다.

TIP | 06

- 세부적으로 전문화하여 핵심 능력을 계발하라.
- 좋아하면서도 잘 할 수 있는 분야를 선택하라.
- 지식이 곧 힘이라는 사실을 명심하라.

- 시장과 핵심 고객이 누구인지를 알아내 공략하라.

- 20%의 노력으로 80%의 성과가 나타나는 분야를 알아내라.

- 그 분야의 일인자에게 배워라.

- 전문 분야에서 자기 사업을 하라.

- 가치를 창조할 수 있는 직원을 가능한 한 많이 고용하라.

- 핵심 역량을 제외한 나머지는 모두 아웃소싱하라.

- 자본의 지렛대 효과를 활용하라.

이제 모든 일을 80/20이라는 렌즈를 통해 봐야 한다. '99% 의 노력과 1%의 재능'으로 이루는 성취는 고통스러울 뿐이다. 80/20 법칙을 우리의 일상생활에 적용하면 지금까지와는 다른 변화를 맛볼 수 있을 것이다.

단타를 잘 쳐라

평범한 직장인이 세계적인 CEO가 되는 비결은 무엇일까? 그것은 조그마한 일에도 최선을 다한다는 평범한 진리다. 야구경기에서 홈런보다 단타를 꾸준히 날려서 1루로 진출하는 것이 득점률이 높은 것처럼 성공은 매일 부단하게 반복된 작은 노력의 합산이다.

아무리 좋은 회사라도 입사하면 처음에는 그저 단순한 업무를 맡는 경우가 많다. 그러나 하찮은 일이라고 소홀히 하면 큰일도 못할 것이라는 인상을 주게 된다. 작은 일을 잘하지 못하면 큰일도 당연히 잘할 수 없다는 인식을 갖는 것은 당연한 일이지 않겠는가?

이는 어느 분야든 마찬가지다. 탤런트의 경우 처음부터 큰 역할이 주어지지 않는다. 단역을 잘하면 주연으로 발탁되기도 하지만 단역이라도 제대로 하지 못하면 발탁의 기회를 얻기 힘들다. 단역부터 제대로 해나가는 것이 주연 발탁의 지름길인 것이다. 이것을 '사다리식 성공기법'이라고 일컫기도 한다. 결국 성공은 하나하나의 단계를 거쳐야만 도달할 수 있기 때문이다.

세계적인 전자상거래 업체인 eBay의 사장인 맥 휘트먼 *Margaret C. Whitman*은 미국의 최고 여성 CEO로 꼽힌다. 그녀는 아시아 시장을 넓히기 위한 전략의 일환으로 아태경영 총괄본부를 서울에 세우기 위해 한국을 종종 방문했다. 미국 프린스턴대 경제학과와 하버드 MBA 출신인 그녀가 하버드 비즈니스스쿨을 갓 졸업하고 P&G에 취직해 처음 맡은 일은 샴푸 뚜껑 구멍을 1cm로 할 것인가 0.3cm로 만들 것인가를 결정하는 것이었다. '일류대 MBA를 갖고 이게 뭐하는 짓인가'라는 회의가 들 때 직장 선배는 '네게 주어진 모든 일은 너의 능력을 입증할 수 있는 기회다'라고 조언했다고 한다. 그때부터 그녀는 '작은 것에 목숨을 걸라'를 자신의 좌우명으로 삼아 생활해왔다. 그 좌우명이 오늘날의 그녀를 만들었다. 그녀는 2004년과 2005년 연이어 미국 〈포춘〉지가 선정한 '가장 영향력이 있는 여성 사업가' 1위로 뽑혔다.

작은 일을 간과하거나 성취하지 못하는 사람은 결코 큰일을 할 수 없다. 무슨 일은 하든 치밀하고 세심해야 성공할 수 있다. 작은 것을 자주 실수하다 보면 주위 사람들에게 신뢰를 잃는다. 습관은 일상생활의 작은 부분들이 하나하나 쌓여 형성되기 때문이다. 작은 차이가 곧 명품을 만드는 것처럼 단타를 자주 쳐서 홈런 이상의 성과를 얻어야 한다.

또한 일의 마무리인 마지막 5%는 대단히 중요하다. 이 5%에 해당되는 부분을 완전히 끝마치도록 자신을 독려해야 한다. 실제로 95%정도는 형식상의 프로세스로 보면 완성할 수 있다. 그러나 문제는 항상 마지막 5%에 있다. 이 마지막 5%가 그동안 이루어낸 95%보다 훨씬 중요하거나 성공을 좌우하는 경우가 많다. 마지막 5%의 중요성을 깨우치고 일을 깔끔하게 완성한다는 자세를 가져야 한다. 또한 이 5%는 개인적인 만족이라는 측면에서 나머지 부분만큼 중요하다. 공들여 쌓은 탑도 벽돌 한 장이 부족해서 무너지고, 1%의 실수가 100%의 실패를 부를 수 있는 것이다.

화술을 익혀라

"내일 모레 모임에 꼭 나와?", "응"

많은 사람들은 나갈 마음이 없으면서도 자신있고 당당하게 거절하지 못한다. 거절해야 할 때 하지 못하면 후유증은 부메랑이 되어 자신에게 돌아온다. 이렇게 약속을 계속 어기다 보면 대인관계는 자꾸만 꼬이게 된다. 대인관계의 기본은 자신의 결정력에 달려 있다. 자신이 결정의 중심에 있을 때 가장 행복한 것이다. 그러기 위해서 거절할 것은 거절하는 훈련이 필요하다. 지혜로운 사람들은 자신이 원하지 않은 일을 제의받으면 정말 하고 싶지만 유감스럽게도 할 수 없다며 거절한다. 이는 거절당하는 사람의 마음을 최대한 편하게 해주면서 자신의 의사를 분명히 전달하는 현명한 방법이다.

이처럼 대인관계의 핵심은 화술이다. 통계에 따르면, 경영자의 하루 일과 가운데 94%의 시간이 커뮤니케이션과 관련된 활동에 사용된다고 한다. 그 가운데 53%를 대화 형식의 커뮤니케이션에 할애한다는 것이다. 이처럼 대화가 우리 생활에 큰 비중을 차지하고 있음에도 불구하고 무의식적으로 말하는 경우가 많다. 무의식적으로 주고받는 말 한 마디에 기업의 위상과 경영자의 자세가 노출될 수 있다. 따라서 원활한 대인관계뿐 아니라 비즈니스에서 성공하기 위해 훌륭한 화술을 배워야 한다. 말을 잘하는 것은 내용뿐 아니라 태도, 목소리, 의사전달 방법 등이 모두 잘 갖춰져 있는 것을 말한다. 이러한 말 잘하기에는 세 가지 요령이 있다.

첫째, 말할 때는 자신감이 있어야 한다. 자신감, 즉 두둑한 배짱에서는 말이 물 흐르듯 나오기 마련이다. 따라서 긴장하지 말고 부담을 털어내고 대담하게 쇼를 한다고 생각하라. 설사 말을 잘 못하고 더듬어도 훈련이라 생각하며 긴장을 줄이는 연습이 필요하다. 훌륭한 웅변가는 타고나는 것이 아니라 끊임없는 훈련에 의해 만들어지기 때문이다.

둘째, 자신의 이야기를 해야 한다. 대화나 강의에서 영향력을 발휘하려면 반드시 잠들어 있는 자신의 정보를 이야깃거리로 만들어야 한다. 자신의 이야기를 하면 상대의 흥미를 유발하고 영향력을 배가시킬 수 있기 때문이다. 따라서 상대를 설득하려면 모두가 이야기꾼이 되어야 한다.

셋째, 매너가 있어야 한다. 말을 할 때는 항상 겸손한 자세가 필요하며 상대의 약점을 건드리지 않아야 한다. 매너 없는 말 한 마디는 사람들로 하여금 오해를 불러일으키기 때문이다. 그러므로 태도, 의상, 말투 등에 오해의 여지가 없는지 따져봐야 한다. 참고로 표정변화는 메시지 전달을 용이하게 한다. 외국어를 잘 못하는 사람들도 외국여행을 할 수 있는 것은 표정과 제스처로 말하기 때문이다.

뛰어난 지략과 재능을 가진 제갈량은 언어감각도 뛰어났다. 그런 뛰어난 말솜씨로 수많은 군사를 거느리는 데 위력을 발휘한 것이다. 《제갈량 리더십》의 스피치 기법을 살펴보자.

- 남이 말할 때 잘 듣고, 대화를 나누는 사람의 반응을 정확하게 포착한다. 아울러 그에 상응하는 대책을 세우면서 주도권을 잡으려 애쓰면 전체 대화가 활기차고 생동감이 넘치게 된다.

- 말할 때는 관점을 분명히 드러내고 논리에 틈이 없어야 하며, 분석할 때도 정곡을 찔러야 한다. 또한 자신의 말에 실질적인 내용이 있어야 사람들의 주목을 받을 수 있다.

- 경우에 따라 간단명료하게 말해야 한다. 이는 고도의 요약 능력을 요구하며 제한된 시간에 간단하고 명확하게 의미를 전달하려면 민첩한 사고과 요약능력은 필수다.

- 사람을 끌어당기는 힘이 있어야 한다. 풍부한 감정, 진실한 태도, 열정적인 분위기, 유머러스한 말들은 자신의 연설을 매력적으로 만든다. 힘없이 있는 그대로 밋밋하게 말한다면 사람들은 금세 지루해 한다. 당신의 시선, 미소, 유머를 양념으로 삼아라. 그러면 자신의 연설은 향긋한 용정차를 마시는 듯 느낌을 줄 것이다.

말을 잘 못하는 사람들은 대개 주먹구구식으로 말하고 누구나 내 마음 같을 것이라 속단하며 말한다. 또 중요한 사항이라도 상대가 싫어하는 말은 피하고 대충 넘어가려고 한다. 하물며 자신이 나서야 함에도 남 앞에 서보려는 노력조차 하

지 않는 경우도 있다. 상대방과 친밀감을 형성하기 위해서는 두루뭉술하게 말하기보다 구체적이고 솔직하게 자신을 드러내며 얘기해야 한다.

인간관계가 복잡해지면서 말없이 살아간다는 것은 불가능해졌다. 브리핑, 세일즈, 면접, 협상, 회의, 연설 등 모든 것이 '말'이다. 이러한 말은 앞에서 얘기한 것처럼 자신의 생각과 인격으로 대변되기도 한다. 또 말은 생명체와 같아서 고저, 강약, 호흡, 맥박이 있다. 눈 깜박하는 사이에 생명을 잃기도 하고, 단어 하나에 빛나기도 한다. 그 순간을 포착하여 말을 살리는 기술, 말에 호흡을 불어넣어 맥박이 뛰게 하는 기술을 얻으려면 많은 정성을 들여야 한다. 말을 잘하기 위해서는 이처럼 습관이 뒤따라야 한다. 행동변화 전문가에 따르면, 어떤 행동이 습관이 되기까지 3,000번을 반복해야 한다고 한다. 화술도 결국 노력하면 얼마든지 향상시킬 수 있다. 오늘날의 세계적인 연설가들도 모두 피나는 노력으로 성공했다. 나 자신도 많은 강의를 했지만 강의의 성공 여부는 준비에 달려 있다고 생각한다. 준비를 많이 하면 자신감도 생기고 청중의 눈빛도 달라진다. 세상에 공짜는 없고 성공은 노력하는 사람의 몫이라는 말을 기억하라.

협상의 달인이 되어라.

"내겐 타협이란 없다(All or Nothing)"는 말이 한 때 배짱 있는 행동을 의미하듯 유행한 적이 있었다. 이제 그와 같은 말은 아득한 농경문화시대에 서로가 알아서 챙겨주던 시절의 전설 같은 얘기다. 시대는 변했다. 상생(win-win)관계를 형성하지 않고서는 개인, 기업이건 국가이든 간에 생존할 수 없는 세상이 되어가고 있다. 협상의 황제라고 일컫는 허브 코헨 *Herb Cohen*은 '세상의 8할은 협상으로 이루어져 있기 때문에 우리는 협상을 통해 무엇이든지 얻을 수 있을 뿐 아니라 세계도 움직일 수 있다'고 했다. 인생의 8할은 협상의 연속이며 현명한 협상을 통해 행복한 삶을 영위한다는 것이다. 삶의 질 자체가 얼마나 협상을 잘 하느냐에 달려 있다는 얘기다. 협상은 인생의 게임이기도 하다.

협상이란 곧 궁극적인 이득을 얻기 위한 정보의 교환과정이며, 서로가 원하는 바를 얻게 해주는 윈윈 게임이다. 우리의 일상사가 협상 그 자체다. 물건을 사고 팔 때, 연봉협상을 할 때, 아파트나 점포를 구입할 때, 배우자나 아이를 설득해야 할 때 그리고 회사 내 상사와의 관계, 또는 거랜 선과의 미팅에서 보면 모두 협상의 논리가 적용된다. 협상은 우리와 동떨어진 먼 곳의 얘기가 아니다. 우리는 직장의 안, 밖에서 항상 다른 사람과 의사소통하며 무언가 그들의 행동방식에 영향을 끼치려고 시도한다. 모든 문화에는 협상이 전제되어 있다고 해도 과언이 아니다.

경제가 더욱 발전되고 개방화될수록 협상의 능력은 더욱 필요하다. 특히 비즈니스 환경에서 진정한 승자로 거듭 태어나기 위해서는 협상력을 길러야 한다. 개인, 기업뿐만 아니라 국제무역관계에서도 협상력이 결정적인 역할을 하고 있다. 개방화시대를 맞이해서 글로벌 협상능력을 더욱 요구하고 있다. 특히 농산물수입개방에 있어서도 우리는 밀고 당기는 첨예한 협상의 순간들을 맞이하기도 한다. 이것은 협상의 방향에 따라 국가경제뿐만 아니라 우리 농가의 소득에도 상당한 영향을 미치기 때문이다.

이제 '협상력이 곧 기업과 개인의 경쟁력' 이라는 인식이 확산이 되어가고 있다. '협상력은 곧 돈' 이라 할 정도로 중요시 되고 있다. 경제전쟁 시대의 전투가 협상테이블 위에서 벌어지고 있는 현상이다. 그러므로 협상은 꼭 필요한 기술일 뿐 아니라, 배움이나 경험을 통해 습득할 수 있는 기술이라는 점을 인식하는 게 무엇보다 중요하다. 위기를 기회로 바꾸는 협상의 기술을 높여야 한다. 협상가는 타고 나는 것이 아니라 만들어진다고 했다.

협상 전문가인 허브 코헨은 '협상은 인간관계의 진실한 원동력' 이라고 말하며, '우리는 외교문제나 노사관계 같은 사안의 경우에는 협상 기술의 중요성을 인식하면서도, 협상의 노하우를 일상생활에 적용해서 얻을 수 있는 기회에 대해서는 경시하는 경향이 있다'고 했다. 그의 저서 《협상의 법칙》에서 다음과 같이 주요 협상전략을 제시하고 있다.

- 목적이 있는 거래나 협상을 할 때는 감정을 조절하며 사태를 바라보자. 그렇게 해야 사태의 유형과 관계, 상호연관성 등을 파악할 수 있다. 모든 협상에는 시간, 정보, 힘이 존재한다.

- 상대의 행동방식에 효과적으로 영향을 미치려면, 먼저 상대의 신념과 동기, 가치, 필요 등에 관한 정보를 수집하자.

- 상대의 행동에 긍정적으로 영향을 주려면, 먼저 상대가 듣고 싶어 하는 말로 시작한 다음 상대의 경험과 관계있는 예를 들어가며 당신의 생각을 명효하게 전달하는 것이 좋다.

- 모든 행위는 행위자의 관점에서는 합당하기 때문에, 문제를 행위자의 눈으로 바라보도록 노력하자.

- 항상 자신을 문제해결사로 생각하고 양측의 진정한 관심사와 이익을 충족시킬 수 있는 독창적인 대안을 모색하자.

- 성급한 반응은 치명적인 결과를 낳을 수 있으므로, 침착하게 질문하고 상황을 파악하자.

- 대개의 경우 공손하고 겸손한 태도로 협상을 시작하는 것이 바람 직하다. 사람들은 메시지 자체보다는 메시지를 전달하는 사람의 매너에 더 큰 영향을 받는다.

- 의견충돌이 있으면, 오히려 그것을 서로가 만족할 수 있는 해법을 찾는 기회로 인식해야 한다. 양보와 합의는 대개 데드라인이 가까 워졌을 때 이루어진다.

- 현재의 상태에 너무 얽매이지 않으면 옳은 시각을 가지고 더 많은 정보를 얻고, 더 높은 목표를 설정하며, 위험에 계획적으로 도전할 수 있다.

개방화가 가속화될수록 글로벌 협상대응전략이 더욱 중요시 되고 있다. 그러기에 외국문화를 이해하고 협상에 앞서 상대방에 대해 준비를 철저히 해야 한다. 세계에는 여러 문화권이 있고 그 문화권마다 독특한 특징들이 고스란히 협상 테이블로 나타나기 때문이다. 언어사용에서도 후진국으로 갈수록 솔직하고 직설적인 언어구사를 선호하는 반면, 선진국으로 갈수록 간접적이고 불분명하며 또한 정중한 언어사용이 많다.

미국 기업이 한국인과 협상할 때는 한국인들의 '기분'을 매우 중요시한다. 미국 협상가는 한국인들이 기분과 체면 때문에 중요한 협상을 놓치는 경우를 노린다. 일본인은 미국인과는 달리 '감사' 라는 표현과 단어를 항상 사용한다. 내부 결정기간이 오래 걸리는 일본기업을 상대할 때에는 조급하게 기다리지 말고 여유를 가져야 한다.

외국시장에서 물건을 살 때도 문화적 차이를 인식해 둬야 한다. 중국은 상인이 제시한 가격의 우선 3분의 1, 또는 반 정도의 가격에서 시작하는 것이 좋다. 중국에서는 손님은 절대로 왕이 아니다. 아랍권에서는 상인이 제시한 가격의 10분의 1정도에서 가격 흥정을 시작한다. 일본에서는 상점측이 손님에 대해 비굴할 만큼 저자세를 취한다. 다양한 국제 문화적 행동양식을 이해해 두어야 글로벌 협상에서 우위를 점할 수 있다는 걸 꼭 기억해두길 바란다.

인정받는 보고요령

직장에서 상사에게 보고를 잘해 인정받는 경우가 있는 반면, 평소 일을 잘해도 보고를 제때에 정확하게 하지 못해 인정받지 못하는 경우도 있다. 이것은 시의적절한 보고가 얼마나 중요한 것인가를 보여주는 예이다. 가끔 보고 하나 잘해서 노력 이상의 인정을 받는 경우가 있을 정도로 보고요령은 일의 결과에 대한 중요한 평가기준이 된다. 이처럼 보고는 요령과 시점이 중요하다. 또 잘못된 보고는 시간의 낭비나 경제적

손실을 가져올 수도 있다.

　현대경영 사상가 피터 드러커는 자신의 저서 《미래를 읽는 힘》에서 상사에 대한 보고요령을 다음과 같이 말해주고 있다.

- 상사의 유형을 파악하고 그에 맞추어 대응해야 한다. 예를 들어, 상사에는 청각형과 시각형이 있다. 청각형은 부하의 말을 직접 듣고 일을 처리하는 것을 좋아하는 유형이고, 시각형은 문서를 보고 처리하는 유형을 말한다. 루스벨트나 트루먼은 청각형으로 메모를 전달해도 아무 소용이 없었다. 직접 보고하는 것이 더 빨리 결론을 얻는 방법이었다. 반대로 케네디와 아이젠하워는 시각형으로 문서를 작성하여 보여주지 않으면 말이 통하지 않았다고 한다.

- 모든 사람이 그렇듯 상사에게도 자극해서는 안 되는 부분이 있다. 그 중에서도 주의해야 하는 것이 단어의 선택이다. 그에게 잘 통하는 말과 사용해서는 안 되는 말을 파악해야 한다.

- 상사를 놀라게 하지 않아야 한다. 부하로서 무엇을 하고 있는지, 무엇을 시도하고 있는지, 무엇을 하고 싶은지 등을 사전에 상사에게 말하지 않으면 오해를 사거나 심지어 치명상을 입게 될 수도 있다. 사태가 수습할 수 없는 지경에 이른 후 보고하거나, 애걸하듯 도와주길 바라는 사람이 있는데 이는 잘못된 행동이다. 사태가 심각해지기 전에 미리 경보를 울려야 한다. 수평선에 구름이 조금이

라도 끼면 우선 보고를 해라. 폭풍으로 변한 후에는 너무 늦다.

- 항상 상사의 시간을 염두에 두고 자신의 시간관리를 해야 한다. 상사는 부하를 위해 할애하는 시간을 줄이려고 한다는 것을 잊어서는 안 된다.

- 보고 준비를 위해서는 10배의 시간을 투자하라. 상사에게 갈 때는 당황하여 허둥대지 않도록 철저하게 준비해야 한다. 1분을 만나려면 10분을, 1시간 만나려면 10시간을 준비해야 한다.

프레젠테이션 전문가가 되라

회의, 세미나, 강의 등에서 프레젠테이션은 매우 중요하다. 프레젠테이션은 자신이 가진 지식이나 정보를 타인에게 효과적으로 전달하고 공유하게 하는 기술이기 때문이다.

효과적인 프레젠테이션을 계획할 때는 우선 '그들을 위해 무엇을 해줄 수 있는가?' 를 생각하고 청중이나 고객의 입장을 염두에 두어야 한다. 소크라테스가 '목수와 말할 때는 목수의 말을 사용하라' 고 했듯 수용자를 고려한 커뮤니케이션이 보다 효과적이다. 그리고 프레젠테이션은 연습이 중요하다. 연습의 중요성을 보여주는 예로 영국 수상 윈스턴 처칠을

들 수 있다. 그의 아들인 랜돌프 처칠이 1952년 미국을 방문할 당시 기자들에게 가장 많이 받은 질문은 아버지의 즉흥연설의 비결에 관한 것이었다. 랜돌프 처칠은 '잘하실 수밖에 없지요. 아버님은 인생의 가장 중요한 시간을 연설원고를 쓰고 외우는 걸로 보내셨으니까요' 라고 대답했다. 이처럼 윈스턴 처칠은 말 한 마디에도 정성을 쏟았던 것이다. 프로일수록 준비하는 데 시간을 많이 투자하는 것도 바로 그러한 이유 때문이다.

대부분의 사람들은 발표할 때 상대의 공격에 미리 위축되어 단정적인 말투로 일관한다. 하지만 공격을 받는 것은 대화할 기회가 온 것이고 여유있게 설득하면 되므로 위축될 필요 없다. 자신의 의견이 100% 반영될 수는 없지만 열정적인 자세로 발표하고 상대의 말을 경청하고 받아들이는 여유를 가지면 자신의 의견을 원활히 발표할 수 있다.

또 효과적인 프레젠테이션을 위해서는 시각화도 중요하다. 말로 장황하게 늘어놓기보다 시각화된 모형이나 그래프를 제시하면 설득력은 배가된다. 최근에는 강의나 발표를 할 때 파워포인트를 사용하는 경우가 많다. 세스 고딘Seth Godin의 《보랏빛 소가 온다》에서는 이러한 파워포인트 프레젠테이션을 극대화하기 위한 다섯 가지 규칙을 제시한다.

- 슬라이드 하나에 사용하는 단어는 여섯 개로 제한한다. 이것을 지킬 수 없을 정도로 복잡한 프레젠테이션은 존재하지 않는다.

- 조잡한 이미지는 최대한 줄이고 필요하다면 전문가의 사진 데이터를 구입해서 사용해라

- 오버랩이나 회전 등 과도한 효과를 사용하지 않는다.

- 음향 효과를 몇 번 사용하되 프로그램에 저장된 것이 아닌 음악이나 음향을 따서 사용해 경청자의 기대심리를 높인다.

- 화면의 내용을 그대로 프린트해서 나눠주면 안 된다. 화면내용은 설명없이는 이해할 수 없는 것들이다.

앞으로도 발표력은 취업이나 승진에 결정적 기회를 제공하기 때문에 더욱 중요한 능력이 될 것이다. 프레젠테이션을 연구하는 경북대학교의 한 동아리 회원들은 높은 취업률로 이를 증명하고 있다.

50여 명의 경북대학교 학생들이 회원으로 참여하는 '지식자본연구회'라는 취업스터디그룹은 2000년 설립 이후 줄곧 취업률 100%를 기록해 부러움을 사고 있다. 지금까지 매년 10여 명씩 모두 50명의

졸업자를 배출했다. 연구회출신 졸업생들이 취업한 기업은 거의 대부분 5대 그룹 계열사. 더욱 놀라운 것은 높은 취업의 벽을 가볍게 넘은 학생들의 상당수가 토익점수나 각종 자격증에서는 평균 수준에도 못 미치는 취업 열등생이라는 점이다.

이들 회원이 이처럼 취업전선에서 발군의 성과를 내는 비결은 예상 수준을 뛰어 넘는다. 우선 전체 그룹을 8~9개조로 나눠 매주 경쟁 프레젠테이션, 격주로 토론대회를 각각 여는 등 면접에 대비한 다양한 프로그램을 마련해 회원 학생을 집중 단련시킨다. 주제는 현대중공업과 경쟁사 간 재무제표 분석, 나이키의 이미지 광고, 연봉제의 노동법적 검토 등 기업 현실과 밀접한 것들로 꾸며진다. 또 학생 간 선의의 경쟁심을 유발하기 위해 토너먼트로 승부를 결정하는 방식도 채택해 흥미를 돋우며 학교 밖 관련 대회 출전도 적극 독려한다. 셀 수 없이 전개되는 프레젠테이션은 파워포인트나 엑셀, 엑서스 등을 활용해 이뤄진다. 기업에서 요즘 이들 프로그램을 다룰 수 있는 마이크로소프트사의 마우스자격증을 요구하는 추세다. 지식자본연구회 회원들은 다양한 프레젠테이션을 통해 자연스럽게 이들 기술을 익히는 셈이다. 또한 토익점수가 일정 수준 이하로 떨어지는 학생을 위해서는 영어실력이 뛰어난 선배를 일대일로 붙여 집중 관리하는 어학 멘토링제도 병행한다.

| 〈매일경제신문〉 (2005. 6. 2) 중에서

이처럼 프레젠테이션의 중요성이 점점 높아지고 있다. 마케팅에서도 인간의 감성을 가장 쉽게 자극할 수 있는 프레젠

103

테이션이 많은 고객들의 마음을 움직인다. 마케팅의 중요한 수단인 프레젠테이션을 잘하기 위한 인재가 되려면 많은 정보를 효과적으로 전달하는 방법을 스스로 개발해야 한다. 점점 고급화되고 있는 고객의 감성을 움직이는 프레젠테이션이 필요한 때다.

반론과 질문을 아끼지 마라

《안데르센의 동화》에는 벌거숭이 임금님의 얘기가 있다. 새로 맞춘 투명옷을 입은 임금은 백성들에게 으스대며 행진하고 있었다. 하지만 백성들의 눈에는 벌거벗은 임금의 모습만 보일 뿐이다. 그러나 아무도 임금에게 말하지 못하고 환호와 칭송만 늘어놓는다. 이처럼 살아가는 동안 여러 가지를 고려하다 할 말을 제대로 못하는 경우가 많다. '그때 이렇게 말했으면 좋았을 텐데…', '이런 식으로 말할 수도 있었을 텐데…', '그때 이렇게 대답했으면 지금 이렇지 않을 텐데…' 라고 후회하는 사람이 주변에 많을 것이다. 특히 논쟁에 익숙하지 않으면 그런 일이 비일비재하다. 필자도 직장생활을 하는 동안 반론이 꼭 필요한 때 제대로 말하지 못해 아쉬움을 느낀 적 있다. 아무리 조직이 중요하더라도 자신의 명예와 관련된 진실이 왜곡된다면 더욱 마음 아플 것이다. 반론이 필요하다면 즉시 해야 한다. 잘못하면 사실이나 진실이 왜곡될 수도 있기 때문이다.

개인의 변화와 더불어 어느 조직이나 반론을 수용하는 분위기가 조성되어야 한다. 반론이란 결코 다른 사람의 말에 무조건 반대하는 부정적인 것이 아니다. 하루가 다르게 변하고 있는 정보화시대에는 통찰력과 합리적인 사고를 갖고 자신과 다른 의견이라도 수용할 수 있어야 한다. 즉, 반론과 함께 비판을 소중하게 여길 필요가 있다. 삼성전자 황창규 사장의 경영철학은 '칭찬보다는 비판이 오히려 묘약'이다. 그래서 그는 "내 사무실에는 나를 칭찬하는 사람은 못 들어온다. 나를 칭찬하는 사람은 나가라고 발로 찬다. 내 사무실에는 이러면 안 된다고 말하는 사람만 들어오게 한다"고 말한다. 이처럼 훌륭한 경영자가 되려면 자신의 단점을 부하직원들이 편안하게 지적할 수 있도록 배려하는 열린 마음을 가져야 한다.

이러한 반론을 위해서는 상대의 마음을 살피고 할 말은 하는 요령과 논리적인 전개가 필요하다. TV토론에서 상대를 잘 설득하는 사람은 반론도 잘 제기한다. 자기 주장도 중요하지만 상대의 의견에 어떤 반론을 제기하느냐가 토론의 승패를 좌우한다. 때로는 이러한 반론은 상대의 모순이나 약점을 부각하기 위한 테크닉으로 활용되기도 한다. 또한 이해되지 않거나 내용이 확실치 않을 때에는 질문을 해야 한다. 질문을 생산적, 효과적으로 하기 위해서는 사전에 많은 준비가 필요하다. 그렇다면 반론과 질문을 잘하기 위한 요령은 무엇인지 알아보자.

요령있는 반론

  반론의 기본은 사실을 정직하게 전하는 것이다. 이것을 반론의 왕도라 한다. 반론은 정면에서 논리적으로 대답하는 것이 가장 좋다. 뒤에 가서 얘기하거나 돌려서 얘기하면 안 된다. 또 감정전달에 많이 사용되는 형용사는 논점을 흐릴 수 있으므로 쓰지 않아야 한다. 그리고 모르는 것은 모른다고 해야 한다. 공자가 '아는 것을 안다고 하고, 모르는 것을 모른다고 하는 것이 아는 것이다' 라고 말한 것처럼 모른다고 말하는 것 자체가 지성인임을 드러낸다고 할 수 있다.

  《최강의 반론기술》을 쓴 일본의 쿠도 코지는 좋은 반론이란 제3자가 '그렇구나!' 라고 납득할 만한 것이며, 쟁점을 정확히 파악하고 자신의 견해를 고수하거나 상대의 의견을 공격하는 것에서 생겨난다고 말한다. 반대로 나쁜 반론이란 제3자가 납득하지 못하는 것으로 '뭐가 뭔지 잘 모르겠다', '저 사람의 말을 들으니 왠지 기분이 이상하다' 라는 반응이 돌아오는 경우다. 또 반론은 모호한 쟁점을 구체적으로 만들거나 자신의 주장에 대해서 근거를 제시해야 하는데 끊임없이 상대의 주장만을 부정한다면 지지받을 수 없다. 따라서 일상적인 논의과정에서 훌륭한 반론이 되려면 다음과 같은 반론순서가 필요하다.

- 자신의 입장을 명확히 한다.

  상대가 이해하기 쉽게 하려면 결론을 처음에 말해도 된다.

- 상대의 질문이나 비판의 의도를 파악한다.

  상대의 의도를 이해못하면 제대로 반론할 수 없다.

- 쟁점을 명확히 한다.

  쟁점을 분명히 하는 것은 어떤 반론이 제기될지 알 수 있게 한다.

- 반론의 시작은 수비다.

  자신의 의견에 대한 질문에 대응하고 상대적으로 약한 부분을 지켜야 한다.

- 상대의 입장이 분명할 경우, 그것을 비판하는 것도 반론의 연장이다.

  이때는 상대의 의도를 다시 한번 충분히 음미하는 것이 중요하다.

- 자신의 의견을 정리한다.

  짧은 반론은 처음에 하고 긴 반론은 자신의 의견을 논리적으로 정리해야 한다.

생각하는 질문

위대한 결과는 위대한 질문에서 나온다고 한다. 질문도 대화에서 중요한 몫을 차지하므로 평소 제대로 질문하는 연습을 해야 한다. 질문은 보다 생산적으로 생각할 줄 아는 능력이며 어떤 상황에서든 현명한 선택을 하는 데 꼭 필요하다.

또 질문은 감성지능을 높여준다고 한다. 질문에는 많은 장점이 있지만 얘기를 끊는 경우가 있으므로 전체 흐름을 깨는 질문은 삼가야 한다.

질문을 하기 위해서는 우선 상대에 집중해야 한다. 상대의 말을 집중해서 들으면 무슨 말을 하고 싶어하는지 알 수 있다. 또 사전 준비가 중요하다. 사람을 만나기 전에 대화의 중심이 될 만한 주제를 파악해야 한다. 임기응변식의 질문은 금물이다. 질문의 키포인트는 사전준비를 얼마나 잘 하는가에 달려 있다.

사실 우리의 모든 행동은 자신의 내면에서 일어난 질문의 반응이다. 아침에 출근하기 전 자동차로 갈지, 자전거로 갈지, 걸어갈지를 고민하는 일상적인 일도 자신의 질문에 바탕을 두고 있다. 매사에 질문하는 습관을 가지면 한층 발전적인 삶을 살 수 있을 것이다.

든든한 인맥지도를 그려라

사람은 사회적 동물이고, 사회는 사람들 사이의 관계로 이루어진다. 따라서 인간관계로 이뤄진 사회에서 인맥관리를 잘 하는 사람이 사회를 주도하게 된다. 주변에서도 인맥관리를 잘하는 사람이 당연히 돋보이기 마련이다. 평소 강화된 인맥은 성공을 보장하는 뒷받침이 된다. 진정한 인맥은 나를 알고 이해하며 지지해 주는 사람으로 이뤄진 네트워크를 의미한다. 훌륭한 인맥은 자신의 활동영역을 가치 있게 해주고 생산성을 높여주는 결과를 가져오므로 더욱 행복해지기 위한 밑거름이 된다.

사람들은 자신에게 도움이 되는 사람들을 인맥으로 형성한다. 어려운 일이 있을 때 도움 받을 수 있는 사람들로 이뤄진 인맥은 무엇보다 소중한 가치가 있다. 회사의 인사이동 시 인맥관리가 잘 되어 있으면 자신의 능력과 적성에 맞는 자리를 추천할지도 모른다. 또 상인의 경우 거래처나 고객의 정보를 잘 수집해두면 장사를 하는 데 훨씬 수월하다. 결국 사회적 동물인 인간이 좋은 인맥을 형성하고 있으면 어떤 상황에서도 문제들을 쉽게 풀 수 있게 된다.

인맥은 단순히 만난다고 해서 형성되지 않으며 만남의 횟수가 거듭되어도 서로 마음이 맞아야 하고 상대방을 이해해야 한다. 또 모두에게 득이 되어야 하고 도움을 받으면 감사할 줄 알아야 한다. 때로는 전혀 모르는 사람을 도와줄 필요도 있다. 예상치 못한 순간에 당신이 도움을 받을 수도 있기 때문이다. 또한 기존의 관계를 더욱 잘 챙겨야 한다. 동창, 동료, 고객, 심지어 경쟁자들과도 계속 관계를 유지해야 한다. 그것이 인맥을 넓혀나가는 원동력이 될 수 있고, 언젠가 자신에게 도움을 줄지도 모른다. 그래서 인간관계는 어느 정도 시간이 필요하다. 중요한 인간관계는 쉽게 이루어지지 않기 때문이다. 그만

큼 공을 많이 들여야 한다. 가족생활도 마찬가지다. 많은 대화
와 애정이 쌓여야 화목한 가정이 되는 것 아닌가.

인맥관리에 있어서도 80/20법칙이 적용된다. 살아가는 데
있어서 인생의 조언자가 되고 또 비상시에 보호막이 되어줄
20% 핵심인맥을 보유하고 있어야 한다. 이러한 든든한 인맥
은 원만한 삶의 울타리가 될 수 있기 때문이다. 영업에서는
더욱 그렇다. 예를 들어 은행의 VIP고객 중심 영업전략은 수
익의 많은 부분이 이들 핵심고객들에게서 나오기 때문이다.
공병호 박사는 《자기경영노트》에서 핵심인맥의 중요성과 활
용방안에 대해 다음과 같이 말하고 있다.

먼저 20%의 핵심인맥을 찾아내야 한다. 그냥 생각만으로는 충분하
지 않다. 백지 위에 가족과 친구 등 당신이 알고 지내는 모든 사람
을 적어라. 그리고 '직업과 관련해서, 행복과 관련해서, 비상시에
대비해서' 등의 주제별로 자신이 만나고 있는 사람들 가운데 핵심
적인 20%에 해당하는 사람들이 누구인가를 정리해보자. 가상 시나
리오를 자신에게 적용해보는 것도 좋다. 어떤 상황이 발생하게 되
었을 때 누구를 가장 먼저 찾고 그 다음으로 누구를 찾을 것인가?
이렇게 하나하나 따져보면 누가 핵심인맥에 해당하는지 알 수 있
다. 만일 당신이 직업적인 성공을 원한다면 당신의 고객 가운데 핵
심적인 고객이 누구인지 정확히 알고 있어야 한다. 분주하게 사람
들을 만나고는 다니지만 실제로 자신이 효과적으로 시간을 배분하
고 있다고 장담할 수 있는 사람은 드물다. 어쩌면 지금 당신은 편화

게 느껴지는 고객에게만 관심을 기울이고 있는지도 모른다.

좋은 인간관계는 정을 먼저 줘야 얻어진다. 성공적인 인간관계에서 기본은 '먼저 남을 돕는 사람'이 되어야 한다. 대접받기에 앞서 상대를 호의적으로 대하면 상대방도 감사하고 보답할 것이다. '주고 받아야 살 수 있다'는 공리(公理)는 기업의 경영세계에서 더욱 분명해진다. 기업은 소비자에게 그들이 원하고 필요한 것을 줄 수 있어야 한다. 성경에도 '주어라, 그러면 받을 것이다'라는 가르침이 있다. 남보다 내가 먼저 배려하고 다가서는 자세가 중요하다.

역사적인 인물 중에서 이러한 배려를 보여주는 예를 찾을 수 있다. 윈스턴 처칠은 강물에 빠진 자신을 구해준 시골 청년 알렉산더 프레밍에게 의사가 되기 위한 교육 기회를 주었다. 의사가 된 플레밍은 제2차 세계대전 중 폐렴에 걸려 죽음을 눈앞에 둔 처칠을 페니실린이란 기적의 약으로 또 한번 회생시켰다. 처칠과 플레밍의 인간관계는 결코 우연이 아니다. 또 앤드류 카네기는 미국의 대재벌이 되기 전 가난한 청년이었다. 그는 배움의 기회를 얻기 위해 도서관을 찾아다녔다. 그때 앤더슨이란 군인이 설립한 도서관에서 많은 지식을 얻은 카네기는 앤더슨 소령의 호의를 간직하여 훗날 미국 전역에 수많은 도서관을 설립해 은혜에 보답했다.

이처럼 조직생활에서도 진실하고 소중한 인간관계는 상호협조 속에서 이루어진다는 사실을 잊어서는 안 된다. 상호신

뢰 속에서 업무에 충실하다보면 누군가 인정하게 되고 좋은 인간관계가 형성될 수 있다. 그리고 인맥노트를 만드는 것도 의미가 있다. 경쟁력있는 인맥은 스스로 만들어야 한다. 따라서 인맥을 위한 시간관리도 중요하다. 인맥으로 성공한 어떤 기업인은 하루 저녁에 3번이나 식사를 해야했던 경험을 토로하기도 했다. 미국의 리 아이아코카Lee Iacocca 크라이슬러 전 회장은 '성공은 당신이 아는 지식 때문이 아니라, 당신이 아는 사람들과 그들에게 비춰지는 당신의 이미지를 통해 찾아온다' 고 했다.

주인의 마음을 가져라

주인의 마음으로 일하는가, 손님의 마음으로 일하는가? 같은 일을 하지만 주인의 마음이냐, 손님의 마음이냐는 하늘과 땅 차이다. 회사에서 일하면서 재미와 보람을 느끼지 못하는 사람은 분명 손님의 마음으로 일하고 있기 때문이다. 주인은 스스로 결정하고 책임지며 끊임없이 발전하려 노력한다. 또 주인은 자기 일에 관심을 가지고 연구하며 성공을 위해 노력을 아끼지 않는다. 그것이 바로 주인의식이다. 협동조합은 조합원의 필요에 의해 생긴 단체이다. 그런 조합에서 주인의식은 조직운영의 근본이념이다. '만인은 1인을 위하여, 1인은 만인을 위하여' 라는 말처럼 조합이 발전하면 조합원 각자에게도 득이 된다.

나는 주변의 샐러리맨들에게 언제나 주인의식을 가지라고 말한다. 모든 것을 내 일처럼 여기고 부지런히 일하면 자신과 조직의 발전을 동시에 이룰 수 있다. 아무리 좋은 전략도 주인이라는 마음이 없으면 제대로 실행할 수 없다. 흔히 월급쟁이는 노는 날을 챙기지만 미래의 사장은 일하는 날을 챙긴다고 한다. 가끔 휴일에도 사무실에 나와 일하는 직원을 볼 수 있을 것이다. 그런 마음가짐은 조직에 대한 사명감과 헌신에서 비롯된다. 한 사람의 주인의식이 조직을 발전시키는 큰 힘이 된다.

반복적으로 훈련하고 습관화하자

좋은 습관이 몸에 체화되지 않으면 그 어떤 것에서도 성공할 수 없다. 습관은 모자이크처럼 일상생활의 작은 부분들이 하나하나 쌓여 형성된다. 인간의 운명이란 그냥 주어지는 것이 아니라, 일정한 사고와 습관의 반복에 의해 형성되는 것이라는 전제에서 시작한다. 아무리 좋은 글귀나 말이라도 실천하지 않으면 소용이 없다. 무엇을 실천하려는 습관은 인생의 근본이 되는 기초로서 그 수준이 인간의 발전을 좌우하기 때문이다.

필자는 30대 초반 신혼생활을 할 때 거의 직장만 왔다갔다하는 생활로 시간을 보냈다. 퇴근을 해서 저녁식사를 하고 TV를 좀 보다가 그냥 피곤한 기색으로 잠자리에 들곤 했다. 거의 반복된 생활 속에 3년이 지났지만 개인적으로 남는 게 하나도 없었다. 물론 기본적으로 직장생활에 충실해야겠다는 심정으로 야근도 많이 했지만 자기계발 면에서는 목표 없는 삶으로 일관했다.

다람쥐 쳇바퀴 도는 생활 속에서 어느 순간 '이것 정말 안 되겠구나!' 하는 생각이 들었다. 그때부터 나름대로 자신의 생활에 목표의식이 필요하다고 느꼈다. 그래서 독서도 많이 하려고 노력했고 또 영어공부도 새롭게 시작했다. 새로운 다짐을 한 이후로는 집에서 공허한 시간을 보내는 것이 너무 아까웠다. 퇴근 후에는 분명 무엇을 해야겠다는 생각이 있으니까 삶이 긴장감이 있고 시간 자체가 정말 소중하게 여겨졌다. 아무리 피곤해도 밤 12시 이전에는 잠자지 않겠다는 생각을 갖고 책상머리에 앉아 책을 보곤 했다. 이런 작은 습관들의 변화가 필자의 자기경영의 씨앗을 움트게 했다고 볼 수 있다. 만약 그 당시 생활에 변화를 주지 않았더라면 오늘날의 나 자신과는 모습이 아주 달랐을 것이라고 생각한다.

경쟁력이 심화될수록 상황을 적극적으로 주도해 나갈 것인지 스스로에게 질문을 던져야 한다. 외부세계는 궁극적으로 생각이라는 내부세계에 따라 형성된다. 결코 상황이 인간을 만들지 않으며, 만들어낼 수도 없다. 모든 것은 자신에게 달려 있다고 봐야 한다. 그리고 성공의 요체는 자기 자신을 얼마나 잘 관리하느냐에 달려 있다. 현대사회는 개인차원에서 일과 학습이 통합되고, 사회차원에서 교육과 노동이 통합되는 시대다. 지식기반사회의 평생학습자가 지식창조자로 성장하기 위해서는 개인차원의 학습이 필수적이다. 최근의 한 연구에 의하면 국민의 평생학습 참여율과 소득은 상당한 상관관계가 있으며, 국민의 학습량이 많을수록 소득은 늘어난다는 것이다. 평생학습 참가율이 1% 높아지면 1인당 국민소득이 332달러 증가하는 것으로 밝혀졌다. 앞으로는 자기계발이란 것은 하나의 스킬이나 지식이 아닌 삶의 문제이고 생존의 문제란 생각이 든다. 경쟁력이 심화될수록 개인 파워가 점점 가치를 발휘할 것이다.

요즘 취업하기가 힘들다고 하는데도 흔히 '사람은 많은데 적당한 사람은 찾을 수 없다'고들 한다. 이는 곧 경쟁력 있는 사람이 부족하다는 얘기다. 자기만의 전문성을 확보하는 것이 취업시장에서 대접받은 유일한 대책이다. 인생이란 곧 자신이 각본을 쓰고 그 역할을 연출한다. 그러므로 얼마든지 성공의 주인공이 될 수 있다. 살다보면 무척 피곤하거나 두렵거나, 준비를 채 다하지 못하거나, 머리가 엉망이라거나 하는 갖가지 이유로 상황이 여의치 않을 때가 자주 있다. 하지만 그런 것에 개의치 말고 늘 일관성을 유지하려는 결심과 끈기 있게 생활하려는 습관이 중요하다.

　러시아의 한 교육가는 '좋은 습관은 사람의 사고방식 속에 존재하는 도덕적인 자본이다. 이 자본은 계속 늘어나며 사람들은 일생을 살아가면서 그 '이자'를 얻는다. 반대로 나쁜 습관은 도덕적으로 갚지 못한 빚이라고 할 수 있다. 이 빚은 계속 이자가 붙어 사람을 괴롭힌다. 사람의 노력을 물거품으로 만들기도 하고, 심하면 한 사람을 도덕적으로 파산시키기도 한다고 했다. 결국 자신의 경쟁력은 좋은 습관에서 출발한다는 것이다.

　매미는 한 철 울기 위해 애벌레로 7년을 기다린다. 인내와 끈기로 하루하루 최선의 준비로 생활해 나가야 한다. 그런 후에 때를 기다리면 된다. '성공은 단번에 오는 것이 아니라 29번의 징후와 300번의 경고를 통해서 온다'는 하인리히 법칙이 있다. 마찬가지로 자신의 꿈을 이루기 위해서는 끊임없는 노력과 행동이 필요하다. 성공은 어느 날 갑자기 찾아오는 행운이 아니다. 결국 자신의 모습은 자신이 생각하는 대로 반복적으로 훈련하고 습관화하는 데서 만들어진다.

성공

버튼 브랠리*Berton Braley*

그대가 어떤 것을 절실히 원한다면

그것을 위해 나가서 싸워라.

낮으로 밤으로 일하라.

그대의 시간과 평화와 휴식을 포기하라.

그것만을 간절히 원한다면

미쳐야 한다.

결코 지칠 줄 몰라야 한다.

그 외 다른 모든 것은 천박하고 시시한 것이다.

그것 없이는 생이 텅 빈 것 같고 가치 없게 느껴진다면

그대의 계획과 꿈이 모두 그것을 향해 있다면

애를 태워라.

계획하라.

신과 인간에 대한 두려움에서 벗어나라.

모든 재능을 다해

모든 힘과 현명함으로

믿음과 희망과 자신감과 집요한 끈질김으로

진실로 그대가 원하는 것을 구하고자 한다면

냉혹한 가난, 굶주림과 수척함에도

육체의 질병과 정신의 고통도

절실히 원하는 것에서 그대를 떼어놓지 못하리라.

지독하게 따라가서 완강하게 들러붙어

에워싸고 포위하면 마침내 얻을 수 있으리라!

열광하는
팬
만들기

첫 대면이 중요하다

말콤 글래드월의 《블링크》라는 책이 있다. 1초가 생사를 가르는 초고속 시대에는 빠르고 정확한 판단력을 바탕으로 한 분석과 통찰이 필요하며, 우리가 무의식 중 순간적으로 판단하는 첫 2초가 모든 것을 가른다는 내용이다. 경쟁력을 가지려면 순간순간 닥쳐오는 문제를 신속하게 해결하는 능력을 키워야 한다. 그러므로 고수의 통찰과 직관력은 어떤 과학이나 정보의 통합보다 강력한 것이다. 그리고 이러한 통찰력은 조직뿐 아니라 개인에게도 꼭 필요한 능력이다.

서비스에서도 '진실의 순간' 이라는 개념이 있다. 이것은 스웨덴의 학자 리차드 노먼*Richand Norman*에 의해 '결정적 순간' 이라고도 불렸는데, 고객이 서비스 품질인식에 결정적인 역할을 하는 것은 기업의 종업원 또는 특정 자원과 접촉하는 순간이라는 데서 붙여진 이름이다. 이러한 결정적 순간의 개념을 서비스에 도입해 세계적으로 성공한 사람이 스칸디나비아 항공사의 얀 칼슨*Jan Carlzon* 사장이다. 그는 '고객과 만나는 15초 동안에 기업의 운명이 결정된다' 는 경영철학으로 도산위기의 항공사를 단 1년 만에 흑자경영으로 전환시켰다. 그 뒤로 세계적인 항공사로 계속 발전해나갔으며 스칸디나비아항공의 성공을 이루는 원동력이 되었다.

15년 전, 필자는 거주하고 있었던 아파트단지 부근 통닭집에서 잠재고객으로서 평생 잊지 못할 진실의 순간을 경험했다. 사연인즉, 약속한 누군가를 기다리고 있다가 통닭집 앞에 설치된 의자에 잠시 앉아 있었다. 토요일 오후임에도 손님은 없었다. 그런데 의자에 앉자마자 주인이 다가오더니 통닭을 사지 않으면 곤란하다고 했다. 나는 예상치 못한 주인의 말에 잠시 충격을 받았고 한 번 힐끔 쳐다보고는 일어섰다. 정말 기분이 언짢았다. 그 후 10년 동안 한 아파트에 살면서도 한 번도 통닭을 사러가지 않았다. 통닭이 생각나면 멀리 가더라도 다른 가게로 갔다. 순간의 이미지가 평생 한 고객을 영영 돌아서게 만든 셈이다.

이처럼 서비스는 첫 대면의 순간이 제일 중요하다. '첫 인상이 중요하다'는 말처럼 미국의 여러 기업에서는 '처음부터 제대로 하라(Do It Right the First Time, DIRFT원칙)'는 경영철학을 하나의 모토로 삼고 있다. 또 심리학자들은 최초의 정보가 나중의 정보보다 많은 비중을 차지한다는 '초두효과(初頭效果)'의 중요성을 주장한다. 이처럼 첫 인상관리에 신경을 써야한다. 누구나 처음을 잘못 시작하면 만회하기 힘든 손상을 입게 된다. "성공적으로 기업을 경영하려면 '지금 바로 이곳'에서 승부하라!"라는 피터 드러커의 말처럼 현시점에서 최대한의 성과를 추구하는 것이 개인이나 조직의 기업발전에 핵심적인 요체인 것이다.

고객은 세심한 것에 감동한다

나는 30년 가까이 안경을 쓰고 있다. 그래서 가끔씩 집 근처 안경점을 들리는데 주인이 없으면 가지 않는다. 주인이 있느냐 없느냐에 따라 고객을 대하는 서비스가 달라지기 때문이다. 주인이 없을 때는 별다른 서비스가 없지만, 주인이 있을 때는 쓰고 있던 안경을 닦아주고 바로 잡아주고 심지어 안부까지 묻는다. 바로 이것이 진정한 고객관리다. 주인의 지속적인 관심과 배려가 우리집 세 식구를 단골고객으로 만들었다.

이처럼 고객관리는 중요하다. 고정고객 확보가 기업의 수익향상에 중요한 역할을 하기 때문이다. 이를 관계마케팅이라고 한다. 관계마케팅에서는 주요자산인 고객을 얼마나 많이 확보하는가도 중요하지만, 확보한 고객을 어떻게 유지할 것인지가 주요 관심사다.

사실 고객만족이라는 말은 고객이 경험하게 되는 즐거움이나 편안한 심리상태를 일컫는다. 벳시 샌더스 *Betsy Sanders* 는 《신화가 된 전설적인 서비스》에 실린 '왜 기업들이 고객을 잃는가?' 의 조사에서, 고객을 잃는 주요인은 대부분이 종업원들의 불친절함이었다며 다음과 같은 통계를 제시하였다.

TIP　　　　│ 01

- 왜 기업들이 고객을 잃는가?

1%	죽음
3%	이사
5%	동료에 의한 영향
9%	경쟁사의 유혹
14%	제품에 대한 불만족
68%	일부기업 사원의 냉담한 태도에 의한 실망

이처럼 불친절함은 고객을 잃는 가장 큰 요인이다. '고객감동', '고객황홀', '고객졸도' 라는 말이 나올 정도로 슈퍼감

동이 필요한 때다. 이처럼 기업이 생존하려면 늘 새로운 기분으로 친절히 고객을 맞이해야 한다. 불친절한 행동으로 단골이 될 수도 있는 고객을 놓치지 말아야 한다.

고객은 핵심메시지를 원한다

말하는 것도 전략이 필요하다. 생각 없이 말하는 것은 침묵하는 것보다 못하다. 그렇다고 잡다하게 여러 말을 하는 것은 오히려 상대방을 짜증스럽게 만든다. 오늘날 사람들은 마치 시간과의 전쟁을 치르듯 바쁘게 살아가고 있기 때문에 한마디로 요약할 수 있는 메시지가 있어야 한다. 어떤 중요한 사안이라도 핵심메시지는 한 마디면 충분하다. 이처럼 말하고자 하는 요점의 간결성은 무엇보다 중요하다. 세계적인 컨설팅 그룹 맥킨지에서도 30초 안에 자신의 생각을 제시할 수 있어야 한다고 말한다. 이것을 소위 '엘리베이터 커뮤니케이션'이라고 한다. 두 사람이 함께 엘리베이터를 타는 짧은 시간 안에 말하고자 하는 핵심을 상대에게 전달할 수 있어야 한다는 것이다. 비즈니스에서도 고객과 접촉하는 순간에 확실한 이미지를 심어주고 거래를 성공으로 이끌어야 한다. 흔히 영업사원들은 고객을 '제멋대로 군다', '변덕스럽다', '냉철하다' 등으로 평가한다. 하지만 다양한 고객의 기호에 맞는 서비스를 제공해야 한다. 그들이 무엇을 원하고 바라는지 파악하고 끊임없이 변화하는 그들의 욕구에 대응해야 한다.

따라서 고객에게 전달하고자 하는 핵심메시지는 단순명쾌해야 한다. 핵심메시지를 전달하는 것은 단순히 기업이나 상품에 대한 정보를 남발하는 것이 아니므로 핵심메시지를 명확하게 정의하는 일이 반드시 필요하다. 또 차별화된 콘셉트를 세워 그에 맞는 전략적인 커뮤니케이션으로 상대를 설득해야 한다. 이러한 핵심메시지 전달에 있어서 상대의 관심사를 공략하는 것은 무엇보다 중요하다. 일본의 컨설턴트 히노타니 요시히코는 《영업, 논리로 승부하라》에서 고객의 마음을 움직이는 설득 커뮤니케이션 기법을 다음과 같이 소개하고 있다.

TIP | 02

- 고객의 이익에 호소한다.
  당신의 설명을 들어보는 것이 자신에게 이익이 된다고 판단될 경우 고객은 한번 들어보자는 반응을 보이게 된다.

- 고객의 가치기준에 호소한다.
  사람들은 지금까지 살아오면서 겪은 경험이 많건 적건 그 경험을 통해 확립된 일정한 가치기준을 가지고 있다. 상대방의 가치기준을 파악하고 있으면 자신의 의견을 표현하는 데 도움이 된다.

- 고객의 입장에 호소한다.

  예를 들어 고객이 가장이라면 가족의 생계를 책임지고 있는 만큼 자신이 쓰러졌을 때 나머지 가족들이 충분히 생활할 수 있을 만한 금액을 받을 수 있는 보험상품에 가입해야 한다고 권유 한다.

고객만족은 곧 조직의 이익

감동을 주는 서비스는 하루아침에 만들어지지 않는다. 보다 나은 서비스를 위해 고민하다 보면 아이디어가 나오고 전략이 나오게 된다. 켄 블랜차드*Kenneth H. Blanchard*, 셸든 보울즈*Sheldon Bowles*의 《열광하는 팬》에서는 고객을 당신의 팬으로 만들기 위한 1%의 비밀을 잘 활용하라고 한다. 이때의 1%란 단순한 변화가 아닌 마법의 숫자이다. 그 마법은 일관성과 유연성을 함께 지닐 때 이루어진다. 먼저 일관된 서비스를 약속한 다음 하나씩 서비스를 더한다. 이것이 바로 성공하는 기업의 또 다른 비밀이다. 욕심을 부리지 말고 1%씩 점진적으로 개선하면 100%까지 다가갈 수 있다고 한다. 이러한 방식은 2002년 월드컵축구 4강 신화를 이룬 히딩크 감독의 전술과 유사하다. 대회 50일 앞둔 상황에 대표팀의 실력을 50%수준이라고 가정하고, 매일 1%씩 향상시키는 분명한 훈련원칙으로 결국 성공을 이루었다. 이처럼 은근과 끈기가 저력을 발휘하면 무서운 힘이 나타나게 된다.

고객을 열광적인 팬으로 만든 헌신적 서비스 사례를 몇가지 살펴보자. 이처럼 감동적인 서비스에는 고객 중심의 사고와 투철한 직업정신이 담겨 있는 것 같다. 이런 고품질의 서비스정신은 한 번 고객을 영원한 고객으로 만드는 비결을 갖게 된다.

헬기까지 전세내 배달한 직원

페덱스의 한 직원이 우편물을 배달하던 중 갑작스런 태풍과 폭우로 다리가 붕괴되어 배달이 불가능한 상황에 직면했다. 그 순간 고객과 24시간 내의 배달을 약속한 직원은 누구의 허락도 없이 헬기를 전세내어 우편물을 배달했다. 이 일이 알려져 고객 중 한 사람이 '페덱스, 진심으로 감사합니다' 라는 신문광고를 냈다. 그로 인해 더 많은 고객들이 페덱스의 열광적인 팬이 되었다. 페덱스의 성공은 '24시간 내에 배달을 완료하겠다' 는 고객과의 약속을 모든 직원들이 공감하고 철저히 행동했기 때문에 가능했다.

자신의 간식까지 내준 여승무원

미국에 거주하고 있던 어느 교수가 식사를 못한 채 급하게 국내선 비행기에 탑승했다. 비행기가 이륙하자 배가 너무 고팠던 교수는 스튜디어스에게 '먹을 것 좀 있느냐?' 고 물었고, 스튜어디스는 빙그레 웃으며 음료수밖에 없다고 대답하고 되돌아갔다. 잠시 후 그녀가 돌아왔고 교수에게 내민 것은 자신이 간식용으로 준비한 김밥이었다. 후에 이 교수는 그 김밥은 단순한 김밥이 아니라 금(金)밥이었고 그녀는 천사였다고 말했다. 고객을 감동시킨 그녀의 행동은 결국 회사의 이미지를 높이고 잠재고객을 확보하게 되었다.

타이어를 반품받은 의류점 직원

미국의 노드스트롬 백화점에 어느 고객이 타이어를 들고 와서 반품을 요구했다. 이 백화점은 패션의류전문점이라 타이어는 취급하지 않았다. 하지만 반품을 요구받은 직원은 고객에게 타이어 가격을 묻고 흔쾌히 환불해 주었다는 것이다. 정말 감동적인 서비스정신이다. 노드스트롬 백화점은 그 직원으로 인해 또 다른 잠재고객을 만들었다.

상대의 이름을 기억한 철강왕

철강왕이라 불리는 앤드류 카네기 *Andrew Carnegie*의 10세 때 이야기다. 어느 날 카네기는 토끼 한 마리를 잡았다. 마침 새끼를 가졌던 토끼가 새끼를 낳아 우리는 새끼들로 가득 찼다. 하루가 다르게 커가는 새끼들 때문에 혼자 힘으로는 토끼들이 먹을 풀을 뜯기 벅찼던 카네기는 아이디어를 냈다. 토끼풀을 뜯어오는 아이의 이름을 토끼에게 붙여주기로 한 것이다. 계획은 대성공이었다. 각자의 이름이 붙여진 토끼를 위해 아이들은 열심히 풀을 뜯어 와서 먹이고 정성껏 보살폈고 이제 카네기는 토끼들에게 신경을 쓰지 않아도 되었다. 카네기는 커서도 그때의 일을 잊지 않았고 자신의 이름에 애착을 갖는 인간심리를 사업에 이용해 부를 축적할 수 있었다. 이처럼 카네기가 성공을 이룬 비결은 바로 상대방의 이름을 존중했기 때문이다. 상대를 배려하는 정신으로 자신보다 철강에 관해 몇 배 더 잘 알고 있는 수백 명의 기술자를 고용하여 세계적인 철강왕이 되었다.

여드름까지 짜주는 여자 약사

중학교시절 여드름이 많았던 필자는 약을 사러 고향의 어느 약국에 들어갔다. 여드름에 좋은 약을 달라고 하자, 약사는 필자의 상태가 심하다고 생각했는지 자세히 보자면서 안으로 잠시 들어오라고 했다. 의자에 앉자 몇 개의 여드름을 직접 손으로 짜주고 약을 발라 주었다. 내게는 평생 잊을 수 없는 천사 같은 약사였다. 이후 필자는 이 약국의 단골고객이 되었다. 지금도 고향에 가면 그때 약사 선생님이 가끔 생각난다.

오늘날 초우량기업으로 활발한 활동을 보이고 있는 기업들은 고객의 존재를 잊지 않았기에 가능했다. 이제 고객만족은 경영기법을 넘어 경영철학이 되고 있다. 미국의 자동차 판매왕 죠 지라드*Joe Girard*는 '한 사람의 고객을 만족시키면 그 사람이 250명의 고객을 늘려준다'고 말했다. 이처럼 판매에 앞서 고객에게 필요한 것이 무엇이고 불편한 것은 무엇인지를 파악하고 대처한다면 단순 고객을 넘어 열광적인 팬을 만들 수 있을 것이다. 또 경쟁이 치열하더라도 언제나 고객편에 있다면 결국은 승리할 것이다. 고객을 생각하지 않고 단순한 이익에만 몰두한다면 장기적 이익을 주는 열광적인 팬을 잃게 된다.

서비스교육의 유효기간은 6개월

선진국들은 일류서비스국가론을 내세우며 서비스산업에 집중하고 있다. 이는 일류품질의 서비스가 아니면 기업이 번영할 수 없기 때문이다. 결국 블루오션도 끊임없이 변하는 시장환경 속에서 찾아야하며 그 종착역은 기업경영의 영원한 화두인 고객이다. 아무리 뛰어난 경영기술이 있고 최고의 경영진을 영입하더라도 고객이 외면하거나 고객과 격리되어 있는 기업은 성공하지 못한다. 따라서 고객을 만족시켜야만 기업의 영속성이 보장된다.

2004년 11월, 필자는 한국서비스경영학회에서 주관하고 산업자원부 기술표준원에서 주최한 학술대회에 참석한 적 있다. 학술대회의 주제는 '서비스기업의 글로벌 경쟁전략'이었다. 학회 참석자의 대부분이 기술개선과 제품성능만으로는 경쟁력을 확보하기에 한계가 따르며 서비스 경쟁력을 높이지 않고는 국민소득 2만 달러시대 진입은 어렵다는 것에 공감했다. 또 고객만족서비스는 전사적인 의지와 행동이 필요하다는 것에 인식을 같이 했다. 특히 가슴에 와닿은 것이 아시아나항공 K상무의 '서비스 종업원들에 대한 지속적인 교육의 중요성'에 관한 발표였다. 그는 한 심리학자의 연구결과를 인용하면서 일반적으로 서비스 종사자가 7일간 교육을 받으면 그 효과는 6개월밖에 지속되지 않는다는 내용을 이야기했다. 따라서 어떤 조직이든 고품질의 서비스를 유지하려면 종업원에 대한 주기적인 교육이 필요하며 그것을 위한 추가인력도 확보되어야 한다고 했다. 이처럼 인간의 기억력에는 한계가 있으므로 주기적인 학습이 필요하다.

베스트 서비스 십계명

앞으로는 브랜드만 중시해서는 안 된다. 많은 명품업체들이 희소성과 품질로 승부해 왔지만 미래 고객들은 삶의 질을 중시하는, 보다 좋은 서비스 받기를 기대한다고 전문가들은 말한다. 잘 나가는 브랜드도 고품질의 서비스가 뒤따라야 한다는 말이다. 그러한 서비스는 조직의 생산성과 경쟁력을 좌우하기 때문이다. 그렇기 때문에 고품질의 서비스를 위한 베

스트 서비스 전략을 세우는 것이 중요하다. 고품질 서비스를
위한 '베스트 서비스 십계명'은 다음과 같다.

첫째, 고객과 눈높이를 맞춰라.
우선 고객의 니즈가 무엇인지를 제대로 파악한다. 주관적인 서비스
개선 노력은 반드시 실패로 끝난다.

둘째, 서비스에도 사전훈련이 필요하다.
서비스도 제품과 마찬가지로 사전디자인이 필요하다. 고객만족을 극
대화하기 위해 서비스를 어떤 요소들로 구성하고 어떤 방식으로 제
공할지 결정해야 한다.

셋째, 비판하는 고객이 진짜 고객이다.
실패한 서비스와 그에 따른 불만은 서비스의 질을 높이기 위한 좋은
처방전이다. 따라서 고객들이 불만을 언제든지 쉽게 제기할 수 있는
환경을 만들어야 한다. 이는 곧 우리의 문제를 해결하고 충성고객을
만들 수 있는 절호의 기회다.

넷째, 고객을 안심시켜라.
고품질 서비스의 결과만큼 중요한 것이 서비스 과정에서 고객이 느
끼는 심리적 안정이다. 자신이 현재 어떤 서비스를 받고 있으며 언제
쯤 확실한 결과를 알 수 있을 것이라는 확신을 심어줘야 한다.

다섯째, 기발한 서비스로 감동시켜라.
우리 회사의 서비스가 최고라는 인식을 심기 위해서는 고객의 기대를 뛰어넘는 서비스를 제공해 고객을 놀라게 하는 전략이 필요하다. 고객은 기대하지 못한 작은 것에서 감동한다.

여섯째, 한 명의 고객을 위해 전 조직의 의지를 하나로 모아라.
직원이나 부서간의 효율적 협력관계는 서비스의 질을 높이는 데 크게 기여한다. 경우에 따라서는 모든 부서, 전체 직원들이 고객의 욕구를 충족시키기 위해 하나로 뭉쳐 해결하려는 자세와 행동이 필요하다.

일곱째, 고객 앞에서 규정을 들먹이지 마라.
고객은 모든 규정에 앞선다. 고객을 기쁘게 하려면 거추장스런 내부 규정 따위는 고려할 필요가 없다. 고객이 답을 갖고 있다. 상황에 따라 융통성의 기질을 발휘해야 한다.

여덟째, 최고경영자부터 앞장서라.
최고 경영자와 임원들이 직접 모범을 보여 고품질의 서비스가 기업 핵심과제라는 사실을 직원들에게 각인시켜야 한다. 최고경영자의 의지에 따라 서비스품질이 달라진다.

아홉째, 직원들이 즐거워야 좋은 서비스가 나온다.
불만족스런 근무여건에서는 절대로 양질의 서비스가 나올 수 없다. 직원들이 최고의 서비스를 제공하기 위해서는 먼저 경영자가 직원들에게 양질의 서비스를 제공해야 한다. 직원들이 즐겁게 근무할 수 있도록 흥미(fun)경영전략을 세워야 한다.

마지막으로 현재 서비스 점수는 50점이다.

서비스 품질의 향상에는 한계가 있을 수 없다. 항상 최고의 서비스를 유지하려면 현재의 서비스 수준에 만족하지 않고 계속 개선하는 자세가 필요하다. 현재의 수준이 50% 수준이라고 가정하고, 매일 1%씩 개선해 보겠다는 노력이 중요하다. 목표를 지향하는 과정에서 열광하는 팬들이 자연스럽게 만들어진다.

고객 네트워크를 만들자

연간 자동차를 7백 여 대를 파는 어느 자동차판매왕은 톱 세일즈맨이 된 비결이 고객 네트워크를 잘 활용한 덕분이라고 말한다. 일단 자신의 고객이 되면 꼭 단골로 만들겠다는 확고한 신념 아래 고객관리에 최선을 다한다는 것이다. 고객의 신상명세, 가족사항, 보유차량의 상태 등 데이터를 입력해 놓는다. 그 다음에는 자신의 서비스 프로그램에 따라 고객의 생일·결혼기념일 등을 챙기고, 가끔씩 인사장을 보낼 때는 자동차관련 정보를 함께 보내곤 한다는 것이다. 필자에게도 자동차를 판매한 대리점의 어느 직원은 몇 년 째 수시로 안부 전화와 더불어 자동차 정비관련 사항들에 대해 좋은 내용들을 보내주고 있다. 인간적인 유대관계가 점점 두터워짐을 느낄 수 있는 것이다.

고객을 열광하는 팬으로 만들기 위해서는 고객네트워크를 조직해야 한다. 자신의 고객을 관심과 배려로 거물망처럼 촘촘히 엮어나가야 한다. 고객은 관심이 없는 곳에서는 머물지 않는다. 마치 작별 인사도 없이 훌쩍 떠나가는 연인과 같다. 사랑은 관심이 있는 곳에서만 존재하기 때문이다. 고객은 바보가 아니다.

대다수의 톱 세일즈맨들은 한 번이라도 거래를 한 고객을 잊지 않으며 철저한 관리로 단골 고객을 늘리고 판매와 이익을 지속적으로 증가해 나간다. 날로 치열해지는 오늘날의 시장상황은 고객 획득에 초점을 두었던 거래 중심의 마케팅에서 고객과의 장기적인 관계의 유지, 발전에 초점을 둔 사고방식으로의 전환을 요구하고 있다. 이것은 고객과의 거래를 한다는 측면에서만 바라보던 기존의 인식이 상호의존과 협력이란 쪽으로 바뀌는 것을 의미한다. 고객과의 관계를 강화시켜 평생고객으로 발전하고자 하는 것이다. 고객과의 관계기간이 길어질수록 제품이나 서비스를 더 많이 구매할 가능성이 높아져 결국 기업에게 수익을 가져다준다.

이제 새로운 고객을 찾는 끊임없는 경쟁에 뛰어들기에 앞서 기존고객에 대한 서비스와 이들의 욕구 충족에 더욱 많은 관심을 기울여야 한다. 앞으로의 마케팅은 고객을 개별적으로 관리해 나가는 고객관계관리(CRM ; Customer Relationship Marketing)로 전환해 그것이 마케팅의 핵심을 이룰 것이라고 전망하고 있다. 기업이나 고객을 둘러싼 환경이 변하더라도 한결같이 해당기업을 찾는 고객은 고정고객이다. 고객네트워크를 최대한 활용해 한 사람의 고객이라도 이탈하지 않도록 하겠다는 노력이 필요하다.

고객을 개인으로 인식하기 위해서는 고객 개개인에 대한 정보의 구축이 선행되어야 한다. 고객 개개인의 거래정보, 신상정보, 접촉정보 등을 확보하여야 하고 그 고객 정보를 어떻게 활용할 것인가를 고민해야 한다. 지금부터 고객관리를 확실히 하기 위해서 어떤 서비스를 해야 하는가를 목록으로 만들고 실천해보자.

또 하나의 네트워크관리로는 '입소문마케팅' 활용이다. 이는 고객 상호간에 연결되어 있는 보이지 않는 네트워크다. 요즈음 인터넷의 활성화로 소비자들의 의사표현과 정보 공유가 어느 때보다도 증대되고 있다. 따라서 소비자들의 네트워크 영향력 행사도 커지고 있다. 택시기사들의 입소문으로 부진을 떨쳐낸 르노삼성자동차 'SM5', 영화 팬들의 입소문이 나면서 관객 1,000만 명 돌파라는 대업을 성공한 '왕의 남자', 깐깐한 강남주부들을 사로잡은 만도의 김치냉장고 '딤채' 등은 입소문으로 효과를 톡톡히 본 고객 네트워크의 힘을 과시한 대표적인 사례다. 통계에 의하면 소비자들이 상품을 고를 때 '입소문' 으로 인한 구전(口傳)효과가 가장 큰 영향력을 미치고 있는 것으로 나타났다. 이것은 곧 광고를 대체할 수 있는 유력한 수단이기도 하다.

좋은 입소문은 만족스런 소비자의 경험에서 시작된다. 제품이 우수한 품질을 보장하지 못하면 입소문을 유발시키지 못한다. 입소문은 고객들이 자연스럽게 브랜드에 열광하는 전도사가 될 때 비로소 발생한다. 입소문은 당당하지만 소리 없이 조용히 번져 나간다. 복잡한 네트워크시대에 입소문만큼 단순하고 효과적인 여론 형성방법이 없다.

앞으로 입소문 마케팅은 더욱 인터넷과 결합하여 소비자들이 제품을 구입하는 데 큰 위력을 발휘할 것이다. 결국 이를 효과적으로 활용하는 기업이 시장을 주도할 것이다. 입소문은 상품을 살릴 수도 있고 죽일 수도 있다. 보이지 않는 네트워크를 따라 이동하는 고객들에 대해 원초적이면서도 강력한 역할을 하는 긍정적인 입소문을 퍼뜨리게 하는 마케팅 전략이 어느 때보다 중요하다.

효과적인
마케팅전략

마케팅은
이미지 싸움이다

샤넬, 버버리, 루이비통, 구찌하면 무엇이 떠오르는가. 패션의 대명사(샤넬), 대를 잇는 실용주의 상징(버버리), 여행을 예술로 만들다(루이 비통), 가죽의 명가(구찌). 이처럼 세계적 명품에는 자신의 브랜드를 대변하는 수식어들이 따라다닌다. 이러한 브랜드 이미지는 소비자들의 마음에 깊게 형성되어 제품 자체를 광고로 삼아도 광고효과가 있다. 또 일본 신주쿠거리에는 샤넬 상품의 모든 것을 파는 5층짜리 샤넬쇼핑빌딩이 있다. 건물 안에는 제품뿐만 아니라 샤넬의 역사도 함께 보여줘 기업문화를 홍보하고 있다. 이처럼 브랜드의 이미지가 소비자를 끌어오는 중요한 역할을 하고 있다.

《미래를 움직이는 경영전략》에서 브라이언 트레이시는 소비자들이 특정상품이나 서비스를 생각할 때 한 구절 또는 한 단어를 떠올린다고 했다. 예를 들어, IBM은 '탁월함' 을 뜻하고, 맥도널드는 '편리' 이며, 노드스트롬 백화점은 '서비스', 페덱스는 야간 운송에서의 '신뢰성' 이라는 단어를 가지고 있다. 이처럼 생산품이나 서비스는 의도적이든 그렇지 않든 경쟁상대와 차별화할 수 있는 이미지를 개발해야한다.

몇 년전 농촌과 농가소득증대를 위해 우리 몸에는 우리 농산물이 맞는다는 '신토불이(身土不二)' 운동을 벌였다. 동의보감에도 사람의 육체와 태어난 토양은 밀접한 관계가 있다고 언급되어 있듯 건강을 위해 우리농산물이 중요하다고 말한다. 이는 국민들에게 우리농산물의 소중함을 한층 더 일깨우는 계기가 되었고 우리농산물하면 곧 신토불이를 연상하도록 만들었다. 이처럼 마케팅전략에 있어 고객에게 좋은 이미지를 심어줘야 한다. 그러기 위해서는 평소 고객의 기대를 충족시키기 위한 끊임없는 품질향상과 서비스 개선이 필요하다.

명품브랜드의 자기최면효과

경제적 형편 때문에 쉽게 사지 못하는 루이비통 핸드백이나 구찌 구두를 선물로 받은 사람의 심리는 어떨까? 아마도 명품을 걸쳤다는 마음에 평소와 달리 걸음걸이와 행동에 변화가 생길 것이다. 또 걷다가도 몸에 걸친 브랜드 제품에 무의식적으로 눈이 갈 것이다. 나조차도 명품브랜드를 가지고 있으면 은근히 자랑하고픈 마음이 생긴다. 이것이 바로 명품브랜드의 자기최면효과다. 이제 브랜드는 소비자의 심리를 넘어 행동까지 바꾸는 파워를 갖고 있다. 소비자들에게 특정 이미지를 구축한 전문 브랜드는 신규고객 유치뿐 아니라 기존고객의 재구매에 결정적 역할을 한다. 이렇듯 오늘날 소비자들은 제품이 아닌 브랜드를 구입하며 이러한 브랜드는 기업의 얼굴이자 기업을 평가하는 잣대이다. 또한 글로벌 경쟁이 심화되는 현대사회에서 브랜드의 중요성은 더욱 강조되고 있다.

요즘은 아이스크림 하나를 사먹거나 친구들끼리 가볍게 영화 한 편을 보더라도 아무 데나 가지 않는다. 이는 최고를 소비해야 제대로 만족하는 소비심리를 잘 나타내는 사례다. 또 다른 예로 삼성의 휴대전화기 애니콜을 들 수 있다. 명품 하나 사는 것이 꿈인 중국인에게 애니콜은 명품으로 통한다. 하지만 중국인들의 몇 달 치 월급에 해당하는 애니콜 제품이 불티나게 팔려나가고 있다. 이처럼 브랜드가 명품반열에 오르면 이름 하나로 기업은 큰 경제효과를 얻게 된다. 사실 대부분의 제품은 기능상 큰 차이가 없지만 소비자는 최고의 이미지를 가진 브랜드를 선택한다.

지금의 소비자들은 점점 브랜드 중심의 소비성향으로 바뀌고 있다. 소비자는 남들이 쉽게 가질 수 없는 독보적인 브랜드를 소유하면서 자신의 가치가 상승했다고 느끼기 때문이다. 이제 브랜드가 기업의 운명을 결정짓는 막강한 파워로 떠오른 것이다. 앵글로색슨족이 벌겋게 달군 인두로 가축에 낙인을 찍는 것에서 유래한 '브랜드'는 이제 기업을 먹여살리는 가장 중요한 자산이다. 이러한 브랜드 가치에 대해 삼성의 한 임원은 반도체나 휴대전화를 잘 만드는 것은 작은 장사고, 브랜드 가치를 높이는 게 큰 장사라고 말한다. 브랜드 이름만으로 소비자의 지갑을 열게 하는 '브랜드 파워시대'를 맞이한 것이다. 따라서 소비자가 '자기최면효과'에 걸릴 파워브랜드를 만들어야 한다.

고객의 마음을 움직이는 마케팅 전략

오늘날과 같은 정보화시대에 소비자의 자발적인 선택을 유도하는 데는 더욱 어려움이 따른다. 소비자는 수많은 정보 속에서 지혜롭게 의사결정을 해야 한다. 마치 연인으로부터 사랑을 얻으려면 만남부터 첫 데이트까지 단계별 전략이 필요한 것처럼 마케팅 전략도 소비자의 심리를 결정짓는 단계별 전략이 필요하다.

다마키 츠요시와 혼다 테츠야는 《세상을 움직이는 파워마케팅》에서 1%의 영향력이 마케팅의 성패를 좌우한다고 말한다. 그러면서 고객의 마음을 움직이기 위한 핵심메시지를 만들라고 한다. 그러한 메시지는 내가 바라는 행동을 상대가 행할 수 있도록 그의 마음을 움직이게 만드는 정보일 때 비로소 제 역할을 하며 내가 결심한 행동을 하는 것과 상대가 내 뜻대로 움직이도록 영향을 미치는 것은 전혀 다르다고 말한다. 상대에게 나의 의도를 정확하게 전달하여 공감을 얻어내고, 그대로 행동하게 만드는 설득력이 없다면 마케팅활동을 위한 메시지라고 할 수 없다. 따라서 핵심메시지는 다음의 요소들을 갖춰야 한다.

TIP | 04

- 시대흐름과 업계 동향을 파악해 미래를 조망한다.
- 외부의 요구를 파악하고 제공할 바를 명확히 한다.
- 왜 우리 제품을 선택해야 하는지를 설득한다.

고객의 마음을 파악하는 데는 심리적 전략이 필요하다. 남녀 간의 사랑의 예로 설명해보자. 파트너의 마음을 확인하지 않고 일방적으로 덤벼들면 환상은 깨지고 상처만 남겨 서로

실망하게 된다. 이처럼 남녀 간의 사랑이 성공하려면 상대의 심리를 잘 파악해 적절한 대화로 전략을 세워야 한다. 또 다른 예로 백화점 직원들이 고객에게 다가가 제품을 추천할 때도 고객의 마음을 읽어내는 심리적 전략이 있어야 한다. 이와 같은 심리적 전략은 백화점에서 판매직원들이 고객의 태도와 신체특징을 보자마자 구매행동과 심리를 파악하기 위해 강화되고 있다. 최근 S백화점에서도 직원교육을 시키는 데 심리적 응대방법을 강조한다. 손님의 행동을 보고 원하는 상품을 제시하고 적절하게 서비스해야 하기 때문이다.

마케팅에서도 감성전략이 떠오르고 있다. 이제는 고객의 감성을 움직여야 시장에서 성공할 수 있다. '커피를 갈아 금으로 만든다' 는 스타벅스도 결국 고객의 감성을 움직이고 있기 때문에 성공하고 있다. 커피 한 잔에 담긴 성공신화를 말해주고 있는 스타벅스는 단 하나의 점포에서 출발해 10년 만에 2천여 개의 점포를 가진 세계 최고의 커피브랜드로 성장했다. 스타벅스는 이제 커피만 파는 곳이 아니라 커피나 음료를 마시면서 일행과 즐겁고 친밀한 분위기를 느끼거나, 홀로 사색할 수 있는 문화를 파는 곳이다. 이런 문화에 고객을 중독시키는 것이다. '보고', '듣고', '냄새를 맡는' 등 오감을 통해 사람의 감성에 호소하는 감성 마케팅으로 대성공을 거두었다고 할 수 있다.

백화점에 있어서 감성마케팅은 서비스의 진수가 되고 있

다. 알래스카에 있는 노드스트럼 백화점 직원은 쇼핑이 끝나가는 고객의 자동차를 미리 따뜻하게 해놓는다. 또 어느 입구에나 커피 전문점이 있어 고객들은 커피를 마시며 사람을 기다리거나 일행과 함께 여유로운 시간을 보낼 수 있다. 또 매장에 들어서면 쉴 수 있는 공간이 충분하여 안락의자에 앉아 피아노 연주를 감상할 수도 있는 편안한 쇼핑공간으로 고객들의 발길을 사로잡고 있다. 이는 고객을 배려하는 철저한 프로정신이 있기 때문이다.

호텔도 마찬가지다. 세계적인 호텔 리츠칼튼의 서비스 정신도 평판이 아주 높다. 고객의 기호, 취미, 습관 등 모든 정보를 데이터에 담아 고객이 다시 왔을 때 좋아하는 꽃을 방에 꽂아 놓을 정도여야 진정한 서비스라고 말한다. 또 고객이 두 번째 방문했을 때 '000씨, 다녀오십니까?' 라고 손으로 직접 쓴 카드를 책상에 붙여놓는다. 이로써 고객은 호텔을 방문한 것에 불과하지만 자기 집에 온 것 같은 포근한 기분을 느끼게 된다. 이처럼 소비환경의 쾌적함과 미관은 기본이고 세심한 배려를 통한 고객의 품격을 높여주는 서비스형태인 감성마케팅은 한 차원 진화된 마케팅 커뮤니케이션이다. 감성이 지배하는 세상이 되어가는 시대에 소비 트렌드를 주도하는 감성마케팅 노하우를 쌓아야 한다.

앞으로 감성을 기반으로 한 시장이 단순한 상품 위주의 시장보다 성장할 것이다. 이러한 감성마케팅은 고객에 대한 작은 배려에서 시작된다. 한국경제신문 박성희 논설위원은 좋

은 상품, 훌륭한 서비스에 대한 의미를 한경포럼(2005. 5. 13)
에서 다음과 같이 밝히고 있다.

고객의 요구는 결코 거창하지 않다. 친절하게 대해주고, 약속시간
을 잘 지키고, 작은 일이라도 고객의 입장에서 생각하고 배려해 달
라는 것 정도다. 배달이 잘 됐는지 확인하는 전화 한 통, 수선이 늦
어지면 이런저런 이유로 늦어진다는 설명 한마디, 심지어 쇠고기를
팔 때 기름을 걷어낸 다음 무게를 달아주는 작은 정성 하나에도 고
객은 감동한다. 고객의 욕구와 기분을 이해하여 작은 시스템 하나
를 고치는 것만으로 얼마든지 상품과 서비스에 대한 긍정적 이미지
를 만들 수 있다.
또 한 가지, 고객감동을 이뤄내려면 의사결정권자들이 현장의 모든
목소리에 귀 기울이는 자세가 필요하다. 다윈은 환경에 가장 잘 적
응한 생물만 살아남는다고 했으나 무한경쟁에서 생존하려면 기업
은 생명체에 적응해야 한다. 최악의 고객이 최선의 고객이라는 말
도 있다.

공략해야 할 VIP고객

80 / 20법칙은 마케팅에서도 그대로 적용된다. 상위 20% 고
객이 매출의 80%를 일으키기 때문에 기업들은 20%의 고객
들을 주로 공략하는 마케팅을 펼친다. 이러한 개념에서 나온

것이 VIP마케팅이다. VIP가 찾는 명품에는 불황이 없다고 한다. 이렇듯 VIP마케팅은 고객 한 사람을 하나의 시장으로 봐야할 만큼 영향력이 크다. 은행, 백화점 등에서 VIP마케팅에 전사적인 노력을 기울이는 것을 보면 VIP고객유치를 위한 춘추전국시대가 온 기분이다. 또, 예전의 부자들은 비싼 제품 사는 것이 알려지길 꺼렸으나 최근에는 부와 능력을 과시하는 하나의 방편이 된 것도 그러한 흐름과 같이 한다.

《VIP마케팅》의 저자 김영한 씨는 세계적 부자들의 구매형태를 다음과 같은 사례로 말해주고 있다.

세계 부호들 사이에서 최고급 휴대폰 열풍이 불었던 적 있다. 열풍의 근원지는 세계 최대 휴대폰 생산업체인 노키아의 자회사 베루트였다. 2002년 1월, 2,600만원짜리 휴대폰을 세상에 선보인 것이다. 백금 케이스와 사파이어 모니터, 고음질의 벨소리를 갖춘 휴대폰은 예상과 달리 없어서 못 팔 지경이었다. 판매사실이 알려지면서 베루트에는 구매문의가 빗발쳤고, 한정품인 이 제품은 순식간에 동이 났다. 최고의 제품을 넘어 희소성이 있는 제품을 선호하는 최상류층의 구매성향을 단적으로 보여준 사건이었다.

이처럼 가격보다 최고가치를 우선시하는 VIP고객들은 명품외에도 자신이 느끼는 가치, 서비스 그리고 부자들만의 공간을 함께 구매한다. 자신이 세상에서 특별한 존재임을 인정받고 싶어하기 때문이다. 이를 반영하듯 일부 백화점들이

VIP고객들에게 제공하는 서비스는 일반인이 상상할 수 없을 정도다. 전용 주차장과 전용 엘리베이터는 기본이고, VIP만을 위한 전용매장까지 있다. 일반고객과 분리된 독립공간을 제공하는 것이다. 은행의 프라이빗뱅킹(PB : 거액 자산가를 대상으로 자산을 관리해 주는 서비스)도 같은 맥락이다. VIP고객이 되기까지는 높은 벽이 있지만, 일단 그 벽을 넘어서면 은행의 지속적인 사랑을 받을 수 있다. 이러한 VIP들은 기업의 알토란같은 역할을 하기 때문에 시간이 흐를수록 VIP고객에 대한 마케팅의 가치가 높아지고 있다. 따라서 VIP에 대한 차별화된 전략과 기업의 가치를 함께 높일 수 있는 성공적인 마케팅 커뮤니케이션이 필요하다.

삶이란 선물이다

에레나 여사(루즈벨트 대통령 영부인)

많은 사람들이 당신의 삶을 스쳐 지나갑니다.

그러나 진정한 친구들만이

당신의 마음속에 발자국을 남기지요.

스스로를 조절하려면

당신의 머리를 사용해야 하고

다른 이를 조절하려면

당신의 마음을 사용해야 하지요.

노여움(anger)이란 위험(danger)에서

한 글자가 빠진 것입니다.

누군가가 당신을 처음 배신했다면

그건 그의 과실이지만

그가 또다시 당신을 배신했다면

그땐 당신의 과실입니다.

커다란 마음으로 인생에 대해 토론하고

중간의 마음으로 사건에 대해 토론하며

작은 마음으로 사람에 대해 토론합니다.

돈을 잃은 자는 많은 것을 잃은 것이며

친구를 잃은 자는 더 많은 것을 잃은 것이며

신의를 잃은 자는 모든 것을 잃은 것입니다.

아름다운 젊음은

우연한 자연의 현상이지만

아름다운 노년은 예술작품입니다.

어제는 역사이고

내일은 미스터리이며

오늘은 선물입니다.

앞서가는
리더의
태도

리더는 정직해야 한다

필자는 결혼 25주년을 기념하는 은혼식을 맞이하여 2006년 1월에 태국의 수도 방콕과 열대 휴양지인 파타야를 일주일간 여행한 적이 있다. 평소 아내에게 특별히 잘해준 것도 없고 해서 마음먹고 부부가 함께 해외여행을 떠났던 것이다. 여행 중 한 가지 놀라운 사실은 푸미폰 태국국왕의 사진을 곳곳에서 볼 수 있다는 점이다. 도로 광고판에, 집집마다 걸어 놓은 달력에, 태국 화폐에서도 그의 모습을 쉽게 찾아 볼 수 있다. 국민의 절대적인 추앙을 받고 있다는 이야기다. 우리와 함께한 여행가이드는 푸미폰 국왕은 국민들로부터 '살아 있는 신(神)'으로 존경을 받고 있다고 말했다.

현재 그는 국왕 즉위 60돌을 맞이하고 있다. 그 동안 17번의 쿠데타 발생과 21명의 총리교체가 있었지만 그의 권위는 갈수록 힘이 실린다고 한다. 카리스마 넘치는 그의 리더십은 나중에 알고 보니 '최고의 도덕성과 겸손함'에 있었다. 재위 기간 중 어떠한 부정부패 스캔들에도 연루된 적이 없으며, 낡고 오래된 양복을 즐겨 입는다는 것이다. 이런 정직과 겸손한 권력이 위대한 리더십의 요체라는 것을 거듭 깨닫게 되었다.

오늘날 리더에게 더욱 요구되는 덕목은 정직과 성실이다. 리더십 전문가인 쿠제스*Kouzes*와 포스너*Posner*가 조사한 어느 통계에 의하면, 리더의 덕목을 나타내는 형용사는 '정직한'(87%), '적극적인'(71%), '북돋워주는'(68%) 등이 상위를 차지하고 있다. 즉, 정직이야말로 리더십의 필수적인 덕목이라고 볼 수 있다.

훌륭한 리더가 되려면 철저한 직업윤리와 깨끗한 사생활이 뒷받침되어야 한다. 그렇지 않으면 언제 지뢰밭이 터질지도 모른다. 별처럼 빛나던 경영자가 한순간에 무너져 사라지는 모습을 우리는 종종 볼 수 있지 않았던가? 정보화 사회가 진전될수록 리더들에 대해 더 엄격한 기준을 요구하고 있다. 인격보다 소중한 리더의 덕목은 없다. 그리고 리더의 힘은 도덕성에서 나온다. 이는 곧 내부 구성원이 봤을 때 '정당성'이 되고, 외부인에게는 '신뢰성'의 근거가 된다.

존경받는 리더는 직원들에게 동기부여를 하고 충성심을 이끌어낸다. 또, 다른 사람들의 긍정적인 반응을 이끌어내며 좋은 분위기를 낳는다. 유능한 리더는 타인을 신뢰하고, 또한 타인으로부터 신뢰를 얻으며, 조직을 움직이는 비전을 제시하고 에너지를 북돋워준다. 그러나 이 모든 것들이 충족되더라도 사람들 사이에서 신뢰를 형성하지 못한 리더는 능력을 제대로 발휘할 수 없다. 신뢰가 없는 조직은 사람들 사이에 비밀이 생기고, 의심과 방어행위만 늘어나 대화는 적어지고 통제는 더 늘어나며, 공동의 문제를 해결하기 위한 의욕을 찾을 수 없게 된다. 신뢰라는 인간의 기본적 의리를 지키지 못하면 더 큰 리더로 성장하지 못한다.

리더에게 필요한 훌륭한 인격은 쉽게 주어지지 않는다. 우리는 그것을 하나하나 만들어갈 뿐이다. 그 하나하나란 생각, 선택, 용기, 결단이다. 이것은 오직 훈련된 삶을 통해서만 성취가 가능하다. 높은 도덕적 기준을 준수하는 사람은 행동의 경계를 명확히 하기 때문에 존경을 받는다. 그러므로 리더는 자신과 타인에게 절대적으로 정직해야 한다. 나아가 정직과 신뢰는 인간관계를 이끌어가는 원동력임을 잊지 말아야 한다.

리더는 선택을 잘 해야 한다

삶은 선택의 결과물이다. 나 자신이 지나온 삶을 되돌아보면 모두 선택의 결과라고 말할 수 있다. 직장을 선택할 때도 그랬고, 결혼을 할 때도 그랬으며, 집을 살 때도 그랬다. 자녀를 몇 명이나 둘 지조차도 선택사항이었다. 고향과 처가를 일년에 몇 번이나 갈 것인가도 선택사항이다. 그러므로 우리의 삶은 순간순간 선택으로 이루어져 있다고 해도 지나친 말이 아니다. 결국 인간의 삶은 끊임없이 선택한 결과의 총합이라고 볼 수 있다.

직장생활도 마찬가지다. 매일 내가 해야 할 일이 무엇인가를 선택해야 한다. 또 크고 작은 일들에 대해 수없이 많은 선택의 갈림길에 서게 된다. 조직이 나아가야 할 방향과 일의 우선순위를 어떻게 정하는가도 모두 선택의 문제다. 결국 경영이란 조직의 규모와 상관없이 선택을 얼마나 잘했느냐에 따라 그 성패가 좌우된다.

그러나 살아가면서 지혜롭게 판단하기란 그리 쉬운 일이 아닌 것 같다. 선택을 어떻게 하느냐에 따라 그 방향과 결과는 엄청나게 다를 수도 있기 때문이다. 선택은 그래서 도미노와 같다. 하나의 결정이 다음 결정에 영향을 미치니까 말이다. 우리가 생각하는 것 이상으로 큰 영향을 미친다. 그래서 선택은 그 어느 것보다도 중요하며 선택을 하는 데 있어서도 나름대로의 기준을 가지고 있어야 한다. 힘든 상황에서도 원칙을 지켜나간다면, 언젠가는 큰 힘을 발휘할 수 있기 때문이다.

선택을 잘 하려면 우선 본질에 충실해야 한다. 여러 사안이 존재할 경우, 본질과 직접적인 관련이 있는 것들만 고려해서 판단을 내리면 옳은 결정을 할 수 있다. 여기에는 정확한 정보가 필요하고, 사실관계가 명확해지면 쉽게 결정을 내릴 수 있다. 그리고 좋은 선택이란 장기적인 안목이 뒷받침되어야 한다. 단기적인 이익이나 승부에 집착하다보면 당장에는 작은 이익을 볼 수 있을지 몰라도 장기적으로 보면 실패할 가능성이 높아진다. 성공이라는 것의 본질 자체가 단기적인 것이 아니기 때문이다. 그러므로 항상 궁극적인 결과를 염두에 두고 선택해야 한다. 피터 드러커는 '모든 의사결정에는 활동에 초점을 맞추지 말고 결과에 초점을 맞추라' 고 말하고 있다.

둘째, 좋은 선택을 하기 위해서는 깊게 생각해야 한다. 선택하기 전 '나는 정말로 미리 충분히 생각했는가?' 하고 질문해봐야 한다. 현상을 정확히 보는 '관점' 과 '통찰력' 이 필요하다. 우리는 종종 판단하거나 결단해야 할 일을 만난다. 그럴 때 막연히 고민하지 말고 차근차근 문제의 성격을 분석하고 구체적으로 해결책을 찾아야 한다. 자신이 직면한 문제에서 무엇이 최선의 해결책인지 자신보다 더 잘 아는 사람은 없다. 아무도 자신을 대신해 선택할 수는 없다.

셋째, 선택을 할 때는 우선순위를 잘 정해야 한다. 여기서 기억해야 할 점은 과거에 얽매이지 않고 미래를 판단기준으로 삼아야 한다는 것이다. 그래야 합리적이고 올바른 선택을 할 수 있다. 주변의 평가나 고정관념에 치우쳐 독자적인 방향을 설정하지 못하는 우를 범해서는 안 된다. 이때 만약 자신만의 원칙을 가지고 일의 우선순위를 제대로 선택하지 못한다면 그 결과는 자신의 부담으로 돌아온다.

흔히 20/80 원리라는 파레토법칙을 삶과 조직 운영에 적용하면 큰 효과를 볼 수 있다. 파레토 법칙이 중요한 이유는 바로 업무에도 구심점이 필요하기 때문이다. 20%에 해당하는 업무가 80%의 업무범위를 이끌어나감을 명심해야 한다. 즉, 집중은 선택의 결과로 얻어지는 효율성의 증대다. 그 둘은 그래서 실과 바늘의 관계다. 그렇다면 선택은 어디서부터 시작되는가? 선택은 바로 포기하는 데서 출발한다. 하버드대 마이클 포터 교수는 '전략이란 무엇을 할 것인지가 아니라, 무엇을 포기할 것인지의 문제'라고 말하기도 했다. 장사가 안 되는 음식점엔 한 가지 공통점이 있다고 한다. 메뉴가 잡화식으로 너무 많다는 점이다. 곁가지는 과감하게 버리고 집중해야 할 대상만 남겨두어야 한다. 집중은 선택한 과제의 해결을 위해 모든 노력을 기울이는 것이다.

봄에 좋은 씨앗을 골라야 가을에 만족할 만한 결실을 맺을 수 있다. 즉, 올바른 결정, 더 나은 선택이 좋은 결과를 낳는다. 문제는 '나 자신이 스스로 선택한 존재'라는 사실을 자주 잊어버린다는 데 있다. 어떤 결정을 내리고 행동을 하든지 간에 결국 저마다 선택해야 하고 그 선택의 결과에 대해 책임을

져야 한다. 미래를 준비하는 것은 어느 누구의 책임이 아니라 바로 그 일을 선택한 자신의 몫이기 때문이다. 그래서 우리는 미래를 예측하고 지혜로운 선택의 방법을 끊임없이 찾아나서야 한다. 조직을 운영하는 데 인기에 연연하기보다 훌륭한 선택을 할 수 있도록 나름대로의 기준과 확고한 태도, 그리고 다양한 경험 · 독서 등의 준비가 필요하다.

리더는 솔선수범해야 한다

솔선수범은 리더십의 왕도라고 말하고 싶다. 필자가 팀장을 할 때나 영업점의 사무소장으로 있을 때 항상 느끼는 것은 조직 구성원들은 리더의 생각과 행동이 어디에 있는지를 간파하고 그것을 기준으로 삼으려 한다는 것을 느낄 수 있었다. 문서를 기안하는 것도 그렇고 예금 · 대출 · 농산물판매 등 영업을 추진하는 데 있어서도 그렇다. 즉, 리더가 어떤 일을 몸소 실천하느냐에 따라 조직원의 행동이 결정된다.

리더가 솔선수범해야 조직원이 따르고, 그 조직에 생기가 돈다. 리더의 모범적인 행동은 조직구성원들을 설득하는 힘이 된다. 리더가 솔선수범해야만 그의 지시와 의도에 자발적으로 호응하며 적극적으로 움직이기 때문이다. 솔선수범은 조직구성원들의 의욕을 고취시켜 조직을 더욱 활력 있게 만들어 갈 수 있다.

경영학자 존 맥스웰*John Maxwell*에 따르면 우리가 배우는 것들 중 89%는 시각적인 자극, 10%는 청각적인 자극, 그리고 1%는 기타 감각기관을 통해서 학습된다고 한다. 따라서 조직 구성원들이 자신의 경영자가 언행일치의 삶을 사는 것을 직접 보고 들으면 조직에 대한 충성심이 높아진다고 했다. 인간 심리에 관한 한 통계에 따르면, 5%의 사람은 리더가 하는 말만 들어도 믿는데, 95%의 사람은 실제 행동을 봐야 믿는다고 한다. 그래서 솔선수범은 동기유발을 하는 데 가장 중요한 역할을 하고 있다.

사실 솔선수범은 쉬운 게 아니다. 여기에는 리더의 확고한 신념과 태도가 중요하다. 어려운 일일수록, 하기 싫은 일일수록, 위험한 일일수록 리더의 모범적인 자세가 더욱 중요하다. 리더가 앞장서서 부하의 동참을 이끌어내야 한다. 리더가 헌신하지 않는 일에 부하가 헌신할리 없다. 리더가 바른 길을 가지 않으면서 부하의 올바른 행동을 요구할 수 없다. 또 리더가 열정을 갖지 않으면서 부하에게 열정을 요구할 수도 없다.

피터 드러커는 유능하고 높은 성과를 올리는 리더는 다음과 같은 네 가지 사항을 숙지하고 있다고 지적한다.

첫째, '리더'의 유일한 정의는 '따르는 사람'이 있다는 것이다. 리더 중에는 생각하는 사람도 있고, 예언하는 사람도 있다. 그 두 가지 역할은 모두 중요하지만 따르는 사람이 없으면 리더라는 존재는 성립할 수 없다.

둘째, 효율적인 리더의 모습은 사랑을 받거나 존경을 받는 사람이 아니다. 자신을 따르는 사람에게 올바른 일을 시키는 사람이다. 인기를 얻는 것은 리더십이 아니며, 성과를 가져오는 것이야말로 리더십의 핵심이다.

셋째, 리더는 다른 사람이 예의주시하는 존재이다. 따라서 자신이 역할 모델로서 모범을 보이는 것이 중요하다.

넷째, 리더십은 지위나 특권 혹은 직위가 아니다. 그것은 직책이다.

내버려두어도 저절로 굴러가는 일은 이 세상에 없다. 결국 어떤 일이라도 누군가의 손에 의해 선도적으로 경영되거나 운용되어야 한다. 무지개를 보고 싶다면 먼저 비가 오는 것을 감수해야 한다. 자신이 먼저 어려움을 겪으며 희생할 각오로 행동을 보여줘야 가능성과 희망의 싹이 트게 된다. 조직의 역동적인 모습은 마음만으로는 통하지 않는다. 리더의 앞서가는 자세와 행동을 보여줘야 한다.

리더는 협력자가 되어야 한다

내가 모셨던 직장 상사인 K씨는 아주 쾌활한 성격의 소유자다. 열심히 일을 하면서도 늘 사무실을 밝은 분위기로 만든다. 가끔 직원들끼리 회식을 할 때면 큰 목소리와 너털웃음으로 좌중을 압도한다. 요즘 말로 '일짱' 이면서 '놀짱' 이다. 그래서 그런지 주위로부터 인정을 받아 빠른 승진으로 농협의 고위직까지 올라가기도 했다. 지금은 퇴직한 지 몇 년이 지났지만 늘 나를 아껴주고 도와주려는 마음씨가 너무나도 고마워 뇌리에서 쉽게 지울 수 없는 그런 상사다. 간혹 지방에 출장을 함께 가기라도 하면 나의 하나부터 열까지를 일일이 챙겨주면서 지도를 해주는 것이었다. 그 덕분에 업무를 처리하는 요령을 쉽게 배웠으며, 일의 의미를 새롭게 깨닫기도 하였다. 이처럼 상사는 내면에서 자연스럽게 배어 나오는 사랑의 마음으로 부하를 대해야 한다. 부하를 아끼고 챙겨줄 때보다 큰 영향력을 발휘하게 되고 서로의 관계가 돈독해진다. 그러면 자연스레 부하는 일을 더 열심히 하려는 욕구를 가지게 될 것이다.

세상은 계급사회에서 평등사회로, 개인통제에서 상호협력 정신으로, 또 기계의 힘에서 두뇌의 힘으로 변하고 있다. 미래를 꿰뚫는 아이디어 창출도 중요하지만 무엇보다 함께 발전하려는 동반자적인 협력자정신의 리더(Co-Leader)가 필요하다. 리더는 지시만하는 사람이 아니라 조직의 분위기를 조율하는 사람을 의미하고 진정한 리더란 타인을 배려하고 돕는 마음을 가장 기본적인 동기로 삼아야 한다. 이러한 조율능력과 배려의 마음이 조직을 살리고 죽이는 시대를 맞이하고 있다.

경영이란 '다른 사람을 통해서 일을 하는 것' 이다. 그러므로 리더는 구성원들이 성과를 높일 수 있도록 도와주는 사람이라는 믿음을 심어주고, 같이 일을 해 나가면서 이를 증명해 보이는 과정을 통해서만이 진정한 리더십을 발휘할 수 있다. 구성원들이 올바른 방향으로 가고 있는지를 살펴보아야 하고, 무엇에 애로를 느끼고 있으며, 필요로 하는 도움이 무엇인지 빨리 간파해야 한다.

리더는 생산성을 높이도록 최상의 근무환경을 만드는 데 노력을 기울여야 한다. 구성원 자체가 희생자라는 생각이 든다는 것을 절대로 허용하지 말아야 한다. 인간관계를 무시하고 직무의 수행에만 초점을 둘 경우 부하의 마음에서 우러나오는 내적 동기를 최대한 발휘하도록 하는 데는 한계점이 있다. 온 몸을 던져 일하겠다는 굳은 결의가 나오지 않는다. 리더와 부하 간에 호흡이 척척 잘 맞고, 일이 잘 추진될 때는 마치 행복한 결혼과도 같다.

리더는 여러 사람과 같이 일하는 데서 더 큰 일을 해낼 수 있다는 시너지효과를 믿고 실천해야 한다. 협동의 원리를 잘 활용해야 조직의 목표를 효율적으로 달성할 수 있다. 리더십은 조직에서 부여하거나 혼자 만들어가는 것이 아니라 구성원들의 인정을 통해서 얻어지는 것이기 때문이다. 인간은 원래 일을 좋아한다는 Y이론적 가정을 바탕으로 부하를 이끌어가야 한다. 직원들에게 믿음을 가지고 좋아하는 일을 맡기며, 늘 무엇으로 도움을 줄 것인가를 고민해 보아야 한다. 진정한 리더는 지위에 구애받지 않고 구성원들을 도우며 기여하려는 자세에 있다.

리더는 희망을 나눠주는 사람이다. 부하는 자신의 자유의지를 저지당했다고 느끼면 반발하기 쉽다. 인간은 원래 자존심의 동물이므로 상대에 대해 인간적인 매너를 지켜 주어야 한다. 리더는 구성원 간에 사랑과 존경을 함께 나눌 수 있는 '나도 좋고 너도 좋다(I'm OK, You're OK)'는 상호협력관계 구축이 필요하다. 똑똑한 조직보다는 성실하게 협력하는 조직이 더 크게 성공할 수 있다.

조직의 열정은 리더가 만든다

우리는 한 분야에서 성공한 사람을 스타라고 한다. 스타 연예인, 스타 운동선수, 스타 직장인 등의 성공 이야기에는 공통점이 있다. 바로 남다른 목표와 지식, 열정이다. 이처럼 열정은 긴박감을 조성해 일의 성취도를 높여준다. 성공적인 조직에는 특별한 무기나 전략보다 기업의 가치를 높이는 열정이 있다. 열정은 그 무엇보다 강한 힘이며 그것은 주변에도 큰 영향을 미친다. 미국의 한 연구조사에 따르면 열정적인 직원이 있는 회사는 상대적으로 이직률이 50% 낮고, 고객충성도는 56% 높으며, 생산성은 평균보다 36% 높고, 수익성은 27% 높다고 한다. 이처럼 직원들의 열정은 기업의 운명을 결정짓는 핵심요소이다. 그렇기 때문에 많은 경영자는 활력있고 일하기 좋은 직장을 만들기 위해 많은 고민을 한다.

〈포춘〉이 선정한 '일할 맛 나는 100대 기업'에 속한 기업은 일반기업보다 연간 수익률이 평균 10% 정도 높다고 한다. 세계 최고 부자 1, 2위에 나란히 이름을 올린 빌 게이츠 *William H. Gates*와 워런 버핏*Warren Edward Buffett*도 성공의 제1원칙은 바로 열정이라고 말한다. 그래서 신화창조의 중심에는 항상 열정적인 리더가 있다. 이러한 열정은 기업문화의 척도이며 다른 사람에게 전염되는 긍정적인 바이러스다. 그렇기 때문에 인재를 채용할 때 자신의 재능을 발휘할 수 있는 열정이 있는 사람인지를 눈여겨봐야 한다.

열정은 지키는 것만큼 확산시키는 것도 중요하다. 리처드 창은 그의 저서《성장의 비밀 열정경영》에서 조직 내 열정을 확산시키는 방법을 다음과 같이 제시하고 있다.

TIP | 01

- 열정은 리더로부터 시작된다.

  리더들이 역할모델이 되어 열정적인 모습을 보여야 조직 내 열정이 빠르게 퍼질 수 있다. 요란하고 거창할 필요는 없지만, 그들이 신뢰감을 줄 때 구성원들은 확신을 갖고 움직일 수 있다.

- 열정에 대해 끊임없이 알려라.

  구성원들을 개인적으로 만나거나 메모와 이메일, 회사사보, 교육 프로그램 등을 통해 명확하고 지속적으로 구성원들과 의사소통을 해야 한다.

- 열정을 공유하고 자극하는 열정 친화적 작업환경을 만들어라.
  물리적으로 불안하거나 에너지를 소모시키는 장소에서는 결코
  열정을 느낄 수 없다. 창의적 작업환경이 중요한 광고회사뿐 아
  니라 안전 규정이 중요한 제조 공장에서도 열정 친화적 환경은
  필요하다.

- 열정과 기업의 현실 사이에 일관성이 있어야 한다.
  회사의 규칙과 관행이 열정과 어긋난다면 직원들은 혼란스러워하
  고 의욕을 상실한다. 말로는 열정을 강조하면서 복장과 출근 규정,
  휴게실 이용규칙 등 사소한 곳에서 열정을 무시하는 메시지를 전
  달한다면 어떤 열정도 뿌리내릴 수 없다.

리더는 자신부터 관리해야 한다

일본에는 '코이'라는 비단 잉어가 있다. 코이는 작은 어항
에 넣어 두면 3인치 정도밖에 자라지 않지만 조금 큰 수족관
이나 연못에 넣어 두면 6~10인치까지도 자란다. 또 커다란
강 속에서는 36~48인치까지 성장한다. 이는 환경에 따라서
누구나 얼마든지 최고의 셀프리더가 될 수 있음을 시사하는
예다. 우리 스스로를 '어항'으로 인도할 것인지, 아니면 '커
다란 강'으로 인도할 것인지를 결정하는 것은 우리 자신이라

는 것이다.

'셀프리더십'은 스스로에게 영향을 미치거나 자기 영향력을 행사하기 위해 사용하는 사고 및 행동전략이다. 일반적인 리더십은 타인에 대한 영향력을 다루고 있는 반면에, '셀프리더십'은 자기 자신을 경영하는 과정이다. 어느 기업의 J회장은 신입 사원 때부터 경영자의 시각으로 모든 것을 보려했다. 기획안을 작성할 때도 '사장의 눈에 이 기획안이 어떻게 비칠까'를 생각하면 일을 할 때 더 넓은 시야를 가질 수 있고, 윗사람에게 인정받게 된다. 조직 구성원이라면 최소한 한 단계 위의 직급에서 주어진 문제와 상황을 보려는 노력이 필요하다.

이제는 조직에서 셀프리더십의 여러 요소들을 촉진시키는 환경을 만들어주지 않으면 종업원들부터 뛰어난 창의력과 생산성을 얻어내기 어렵다. 조직 내 구성원들이 각자의 마음에서 작용하는 셀프리더십을 촉진시켜 각 개인의 무한한 잠재력을 최대한 이끌어내도록 '슈퍼리더십'을 발휘하는 것이 필요하다. 여기에서 필요한 것은 구성원들 스스로가 높은 성과를 내도록 도와주는 조직문화의 형성과 이에 맞는 경영시스템의 설계다.

결국 '슈퍼리더십'은 종업원에게 잠재되어 있는 능력을 발굴해내고, 이것이 성과로 연결될 수 있도록 만든다. 종업원들

스스로 일을 즐기며, 마침내 그들이 가능하다고 여겼던 것 이상의 성취를 이루어 자신에 대해 더 많은 존경심과 자신감을 얻게 만든다. 만약 개인이 가지고 있는 잠재력을 계발하고 능력을 발휘할 기회를 갖지 못한다면 개인과 조직은 너무나 많은 것을 잃게 된다.

이러한 의미에서 셀프리더십과 슈퍼리더십의 조화는 글로벌 시대를 맞이하여 앞으로 개인의 발전과 집단의 발전을 위해서 꼭 갖추어야할 덕목이다.

리더도 멘토가 필요하다

청기와를 만들어 파는 상인이 있었다. 청기와는 보통 기와보다 훨씬 단단하고 빛깔이 고와 매우 비싼 가격을 받을 수 있었다. 제법 짭짤한 재미를 본 청기와 장수는 청기와를 독점하고자 제조 기술을 누구에게도 알려주지 않았고, 심지어 자식에게도 전수하지 않았다. 결국 그가 죽자 청기와의 맥은 끊어져 버렸다. 이처럼 고려청자, 조선백자, 거북선 같은 선조들의 훌륭한 기술은 안타깝게도 전혀 전수되지 못했다. 대를 잇는 전수교육은 참으로 중요하다. 영국의 토니 블레어 총리는 교육정책에 남다른 가치관을 갖고 있다. 그는 주요정책을 묻는 질문에 '첫째도 교육, 둘째도 교육, 셋째도 교육'이라고 말할 정도다. 그 말에는 교육으로 인한 부가가치 창출만이 지식사회에서 경쟁우위가 될 수 있다는 생존철학이 묻어 있는 것이다.

멘토*Mentor*란 오디세우스가 전쟁에 출정하면서 자신의 아들을 보살펴달라고 부탁한 친구의 이름에서 비롯된 말로 현재에는 '지혜와 신뢰로 이끌어주는 자'란 의미로 사용된다. 이처럼 상사가 부하를, 윗사람이 아랫사람을 가르치는 상하 관계에 의한 방식이 전통적인 멘토링이다. 하지만 마고 머레이*Margo Murray*는 저서《멘토링, 오래된 지혜의 현대적 적용》에서 멘토링이란 '경험이나 스킬이 많은 사람을 상대적으로 적은 사람과 의도적으로 짝지워 합의된 목표에 따라 특정 역량을 키우고 개발하는 것이다'라고 정의하고 있다.

가장 이상적인 멘토링 관계는 예수와 제자들 사이에서 발견된다. 예수는 12명의 제자를 모았고, 3년 동안 한순간도 그들과 떨어지지 않았다. 예수는 멘토링하기 전에 자신의 존재와 가르침을 삶으로 구현했고, 그 과정에서 권위와 메시지의 진실성을 증명했다. 이처럼 멘토링은 '개인적, 직업적, 그리고 영적인 문제에서 아무런 벽없이 맺는 진실하고 거룩한 관계'이다.

멘토링을 통해 얻는 이점으로 조직구성원들의 다양한 기술 습득, 유연성으로 인한 생산성 증가, 커뮤니케이션의 활성화, 전략적 후임육성 및 지적자본 유지와 동기관리 등을 꼽고 있다. 이러한 멘토링의 이점을 살려 인적자원 개발 분야도 개인별 니즈에 맞춤형태로 점점 전환될 것이다. 이렇듯 인성개발과 지식·기술의 전수를 동시에 달성하는 전인적 인재육성 방법인 멘토링을 더욱 확산시켜 개인과 조직의 부가가치를 높여나가도록 해야 한다.

사람을 잘 대하라

데일 카네기Dale Carnegie는 《인간관계론》에서 성공한 사람들의 15%는 기술이나 지식의 힘으로 성공했지만 나머지 85%는 바로 '사람을 움직이는 능력' 이 성공의 비결이라고 했다. 비난이나 불평을 하기보다 진심이 담긴 칭찬과 감사하는 것이 사람을 움직이는 지름길인 것이다. 이것은 조직에서 상사나 부하 모두에게 적용된다.

직장에서 상사에게 잘 대하는 것은 부하의 기본적인 예의다. 일을 잘 처리하는 것은 당연한 의무지만 그것만으로는 상사의 마음을 움직일 수 없다. 피터 드러커는 '상사를 대하는 방법' 에 대해 다음과 같이 말하고 있다.

첫째, 상사도 바늘로 찌르면 붉은 피가 흐르는 평범한 인간이라는 것을 잊지말고 그에 맞게 행동할 필요가 있다.

둘째, 절대로 상사를 '사람의 마음을 헤아려주는 사람' 으로 생각하지 말라. 상사는 자신의 일에 정신이 팔려 있을 뿐이다. 여러분이 당연하다고 생각하는 일을 상사 역시 그렇게 여길 것이라고 생각해서는 안 된다.

셋째, 당신의 시간이 당신의 일로 가득 차 있는 것과 마찬가지로 상사의 시간도 자신의 일로 여유가 없는 법이다. 상사가 당신을 위해 시간을 좀더 할애해 주었으면 하고 생각해서는 안 된다. 그는 오히려 부하를 위해 너무 많은 시간을 소비하고 있다고 생각한다.

넷째, 상사를 과소평가하지 마라. 과대평가의 결과는 실망일 뿐이지만 상사를 과소평가하면 어떤 보복을 당할지 알 수 없다. 아직 상사의 속마음을 잘 알지 못할 때 과소평가하는 것은 절대금물이다.

드러커는 또 상사와 부하는 서로 기여와 공헌관계에 있다고 말한다. 즉, 상사는 부하에게 자신이 어떤 도움을 줄 수 있는지를 고민하고 부하는 상사로부터 무엇을 얻어낼 것인가를 고민하는 관계라는 것이다. 이렇게 밀고 끌어주는 균형이 잘 유지될 때 상사와 부하의 관계가 원만하게 유지될 수 있다. 훌륭한 상사는 결코 부하에게 친한 척 다가가거나 인기를 얻으려는 행동을 하는 사람이 아니다. 존경 받으려 하는 것은 당연하지만 사랑 받으려 하는 것은 생각조차 할 수 없는 일이다. 부하의 응석을 받아주는 상냥한 상사가 아니라, 해야 할 일을 시킬 줄 아는 엄격한 상사가 훌륭한 상사인 것이다. 피터 드러커가 말하는 '훌륭한 상사가 되는 법'은 다음과 같다.

- 먼저 시간을 효율적으로 사용하는 방법을 익힌다.

- 상사는 늘 회사 외부에 대한 공헌도로 평가된다. 즉 상사의 행동이 효율적이었는지 여부는 상품이나 서비스가 시장에서 얻은 평가로 좌우된다.

- 조직을 효율적인 집단으로 만드는 것은 전적으로 구성원 각자가 갖고 있는 강점을 연결하여 네트워크를 구축하는 것에 달려 있다. 경영이란 이 강점의 네트워크를 구축하는 일이라고 할 수 있다.

- 무엇을 하든지 그 일의 핵심과 우선순위를 생각하지 않으면 안 된다. 목표를 정하고 그 곳에 역량을 집중해야 한다.

- 스스로 의사결정을 할 수 있는 역량을 키워야 한다.

때론 엄격하게 때론 부드럽게

리더십에는 다양한 유형이 있다. 당연히 특정 유형의 리더가 언제나 존경받고 조직의 성과를 극대화하는 것은 아니다. 즉, 모든 조직과 환경에 항상 적합한 리더십은 결코 존재하지 않는다. 어떤 이들은 엄격한 리더의 전형으로 카리스마적인 '메기론'을 제시하기도 한다. 이는 메기를 넣은 논의 미꾸라지가 더 살찌듯이 적절한 자극과 건전한 위기위식이 있을 때 조직은 더 활발해지고 발전한다는 이야기다. 이와 반대로 '당근론'에 바탕을 둔 온화한 리더십이 있다. 말(馬)을 조련할 때 일류 조련사는 당근만 쓴다. 즉, 말에게 긍정적인 보상을 해줌으로써 조련사가 원하는 대로 말을 훈련시키는 경우다. 둘 모두 나름대로 영향력을 발휘하고 성과향상에 도움이 될 것이다. 그러나 둘 중 택일을 하라면 어떤 선택을 내려야 할까?

필자는 조직생활을 오랫동안 해오면서 어떤 리더 스타일이 효율적인가를 두고 깊이 고민해 본 적이 있다. 관련 논문과 서적을 탐구하고 또 나름대로 실무에 적용해본 결과 '상황적 리더십'이 가장 적절한 것이 아닌가 하는 생각이 들었다. 즉, 상황에 따라 강하면서도 부드럽게 사람을 대하는 것이다. 물론 업무의 유형이나 사람의 성격에 따라 다르게 적용되어야 한다. 사람의 성향이나 심리적 특성을 고려하지 않고 리더의 스타일대로 일을 밀어붙인다면 원하는 대로 결과를 얻지 못할 것이다.

GE의 전 회장 잭 웰치는 《끝없는 도전과 용기》에서 리더십을 효과적으로 발휘하기 위해서는 느슨할 때와 엄격할 때를 구분하라고 했다. 어떤 일에 대해서 간섭해야 할지, 혹은 내

버려두어야 할지를 본능적인 감각에 의해 결정해야 한다고 말한다. 만약 리더가 개입해서 일의 결과물에 엄청난 차이를 만들어낼 수 있다고 판단되면 진행상황을 요의주시하면서 엄격하게 관리해야 한다. 하지만 리더 자신이 아무것도 내놓을 수 없다는 것을 알았을 때는 뒤로 물러나 느슨하게 관리해야 한다.

피터 드러커는 '행동의 시정이 필요할 경우 상대방의 행동을 중단시키기 위한 강한 충격이 필요하다'고 말한다. 이것은 무엇을 뜻하는가? 효율적인 조직운영을 위해서는 구성원들의 행동을 한 번에 확실히 바꿀 수 있도록 하는 것이 바람직하다는 얘기다. 강한 충격을 주지 않거나 단계적으로 시정을 요구하지 않으면 상대가 문제의 본질을 오해하거나 그 심각성을 제대로 인식하지 못할 가능성이 높다. 그렇게 되면 상대방은 자신의 행동이 잘못됐다는 사실을 알지 못한 채 잘못된 결과물을 만들게 될 것이며 그 피해는 결국 조직 전체에 파급된다. 일이 잘못 진행되고 있다고 판단되면 리더는 사전에 상대방의 기대를 산산이 조각내는 것이 필요하다는 뜻이다.

이처럼 리더십은 상황에 따라 엄격함과 부드러움의 조화가 필요다. 이제 자신은 어떤 유형의 리더인지 진지하게 고민해보자. 리더는 무엇보다 자신을 냉정하고 객관적으로 돌아봐야 한다. 그 과정에서 자신이 생각하는 실제 모습과 타인이 보는 '나' 사이에 큰 거리감이 있음을 알 수 있다. 다른 사람의 피드백이 중요한 이유가 바로 여기에 있다. 자신의 생각에 갇히지 말고 리더십에 대한 고정관념에서 벗어나보라. 사람이 발전하려면 스스로를 제대로 아는 것이 중요하다. 더 나아가 환경변화에 유연하게 대처하는 리더십을 스스로 만들어가자.

1분의 칭찬과 꾸지람

심리적 대화기법에서 최고의 무기는 칭찬이라고 한다. 이러한 칭찬에는 동기부여 기능이 있어 인재양성과 교육훈련의 핵심이 된다. 따라서 칭찬에 인색해서는 안 되지만 주의할 것이 몇 가지 있다. 상대에 대한 이해와 존중, 책임이 있어야 하며 단순히 듣기 좋은 말을 늘어놓는 것이 아니라 상대의 마음을 진정으로 움직일 수 있는 묘약이라는 것을 기억해야 한다. 그렇다고 칭찬이 만병통치약이 되지는 않는다. 따라서 칭찬에도 전략이 필요하다. 미국의 심리학자 아론슨과 린다는 칭찬에 대해 다음 네 가지의 대화법을 통해 '칭찬활용법'을 정리하고 있다.

- 처음부터 마지막까지 상대방을 칭찬한다.
- 처음에는 상대방을 칭찬하다가 중도에서 깎아내린다.
- 처음에는 상대방을 깎아내리다가 중도에서 칭찬한다.
- 처음부터 마지막까지 상대방을 깎아내린다.

여기서 가장 좋은 효과를 얻는 것은 세 번째였다. 이 실험에서 특히 눈여겨 볼 것은 첫 번째의 경우처럼 칭찬일색이 효과가 없다는 점이다. 이것은 실험을 통해 증명하지 않아도 상식적으로 알 수 있다. 애석하게도 인간은 나약한 존재이기 때문에 상대가 나에게 호감이 있는 것을 알게 되면 점수를 얻고 싶은 마음에 상대를 폄하하는 말을 좀처럼 하기 어렵다. 그렇기 때문에 세 번째의 방법을 실생활에 적용하는 일은 쉽지 않다. 하지만 상대를 깎아내리다가 마지막에 치켜세우는 말을 건넨다면 말의 순서를 바꾸는 것만으로도 상대는 심리적 최면효과에 걸려 당신에 대한 인상이 바뀔 것이다.

위와 같은 방법은 우리의 정서와 다를 수 있지만 실험적 통계결과라는 것에 주목할 필요가 있다. 따라서 일의 특성, 상대방의 성격 등을 감안, 종합적인 상황에 따라 보다 유용한 방법을 찾아 활용해야 할 것이다. 또 다른 칭찬의 방법으로 켄 블랜차드*K. Blanchard*와 스펜서 존슨*S. Johnson*의《1분경영자》에서 소개한 '1분 칭찬'과 '1분 꾸지람' 요령을 소개하고 있다. 그들은 칭찬과 꾸지람이 간단한 것 같지만 이것들은 경영자가 갖춰야 할 핵심적 개념에 해당한다고 강조한다. 인본주의 경영과 우수기업 창출을 위해서는 칭찬과 꾸지람을 요령껏 활용해야 한다는 것이다.

□ 1분 칭찬 요령

칭찬할 때는 무엇보다 구성원을 사랑하고 아끼는 마음을 가지고 구성원의 성취를 자신의 일처럼 즐거워하고 꾸준한 관심을 보여야 한다.

- 일을 잘하고 있을 때는 솔직하고 공공연하게 칭찬한다.
- 칭찬은 즉각적으로 이루어지도록 한다.
- 칭찬을 하는 이유를 명확히 이해시킨다.
- 일을 잘하면 얻을 수 있는 것을 알리고 회사에 기여하는 바를 주지시킨다.
- 잠시 쉬면서 즐거움을 느낄 수 있도록 한다.
- 계속적인 격려를 한다.
- 칭찬을 의미하는 행동을 한다(악수를 하거나 머리를 쓰다듬어 준다).

□ 1분 꾸지람 요령

잘못을 저질렀을 때는 과감한 꾸지람이 필요하다. 실제로 칭찬하는 것보다 꾸짖는 것이 훨씬 어렵다. 꾸지람을 할 때의 철칙은 잘못된 행위나 일에 대해서만 꾸지람을 하며 절대로 사람을 모욕하거나 감정을 상하게 해서는 안 된다.

- 본인이 하고 있는 일의 성과에 대해 주지시킨다.
- 잘못된 일을 발견하면 즉시 꾸짖는다.
- 무엇을 잘못했는지 명확하게 이해시킨다.
- 잘못된 일이 얼마나 사람을 실망시키는지 이해시킨다.
- 잠시 쉬면서 스스로 깨달을 수 있도록 한다.
- 잘못을 인정하면 신뢰에 변함이 없다는 점을 주지시키고 악수나 기타의 신뢰를 보여주는 행동을 취한다.
- 잘못을 저지른 사람이 회사에서 얼마나 중요한 역할을 담당하고 있는지 인식시킨다.
- 신뢰가 변함없음을 재확인시킨다.
- 꾸지람의 여운이 남지 않도록 그 자리에서 처리한다.

감성에 주파수를 맞춰라

위대한 리더는 자신과 다른 사람들의 감성주파수를 맞출 수 있는 사람이다. 감성과 이성은 한 쪽만 있으면 날 수 없는 날개와 같다. 아인슈타인은 다음과 같이 갈했다. "지능을 우리의 신으로 받드는 일이 없도록 주의하십시오. 지능에는 강한 근육이 있지만 인격에는 없기 때문입니다. 그것은 우리를 인도할 수 없습니다. 그것은 우리에게 봉사를 할 수 있을 뿐입니다." 이제 사람이 가장 중요한 경쟁력의 원천이 된 지식사회에서 경영의 중심은 인간의 감성관리로 이동하고 있다.

직원들의 기분이 좋으면 최선을 다해 일에 집중할 수 있다. 즐거운 기분은 윤활유와 같아서 정신활동의 능률을 높이고, 사고의 유연성을 높여 복잡한 일에도 판단력을 잃지 않게 도와준다. 또 좋은 감정은 마치 바이러스처럼 퍼지기도 한다. 그러나 조직에서 '시킨 대로 해라' 식의 강압적인 경영자는 직원들을 방해하는 존재로 취급받을 수 있다. 어떤 경영자는 '직원들을 거리로 내몰아 돈을 벌어오게 할 수는 있지만, 그러면 기업이 어떻게 유지될 수 있겠는가?' 라고 말한다. 감성경영의 역량을 폭넓게 갖출수록 위대한 리더가 될 수 있다. 조직을 운영하는 과정에서 부딪힐 다양한 요구에 더 유연하게 대처할 수 있기 때문이다.

좋은 감성을 유지하려면 자기통제가 필요하다. 다니엘 골먼*Daniel Goleman* 교수는 《감성의 리더십》에서 스트레스를 받을 때 다음의 네 단계를 통해 감성을 통제하라고 한다.

- 한 걸음 물러서서 듣고 개입하지 않는다.

- 다른 사람에게 말할 기회를 준다.

- 객관적 타당성을 확보하고 스스로에게 묻는다. 내가 이런 반응을 보이는 데는 정당한 이유가 있는 것인가, 아니면 그저 성급한 반응일 뿐인가?

- 비난하기 위해서가 아니라 상황을 명확히 이해하기 위한 의문을 갖도록 한다.

조직에 공헌하는 리더가 되어라

'아버지가 돈을 벌면, 아들은 명예를 바라고 손자는 예술을 즐긴다' 는 서양 속담이 있다. 돈을 버는 사람과 쓰는 사람이 따로 있다는 뜻이다. 얼마 전 30년 공직생활을 마감하며 정년 퇴직하는 재경경제부 금융정보분석원 기획행정실장인 장일석 씨의 감동적인 사연이 언론에 보도된 적 있다. 그는 재경부

57년 역사상 처음으로 일반 공무원으로 정년퇴직을 했다고 한다. 모두가 산하기관 임원 또는 민간 기업으로 자리를 옮겼지만 그는 끝까지 자리를 지켰다고 한다. 더욱 의미있는 것은 자비로 '자금세탁 조사업무와 관련된 전문지식'에 관한 책을 발간하여 해당 담당자들에게 기증했다고 한다. 30년간 받은 국가의 수혜를 되돌려준다는 이유에서였다고 한다. 공직자로 은퇴하며 국가에 공헌하려는 모습이 정말 아름다웠다.

'끊임없이 무엇을 공헌할 것인가' 라는 질문을 던지는 연습이 필요하다. 맡은 일을 열심히 하는 것도 물론 중요하지만 보다 적극적인 자세로 조직을 위해 '나는 무엇을 어떻게 할 것인가' 를 되뇌는 것은 더욱 충실하게 직장생활을 하는 계기가 된다. 샐러리맨들이 쉽게 가지는 '받은 만큼 일한다' 식의 사고방식을 버려야 한다. 현재의 위치에 머물지 말고 자신의 역량을 갈고 닦아야 한다는 말이다. 사고의 초점을 공헌에 맞춤으로써 양질의 업무성과와 구성원과의 관계까지 좋아질 수 있다. 나에게 가장 가치 있는 활동은 무엇인가, 어떤 활동이 가장 큰 가치로 회사에 기여하는가를 자문자답해 공헌하는 삶을 사는 것이 보다 가치 있는 직장생활이라 할 수 있다. 이러한 헌신의 대상이 없다면 조직생활에는 방황, 회의, 권태, 허무함이 생긴다. 그렇기 때문에 우리의 사명과 헌신의 대상을 찾아야 한다.

감사할 것을 찾아라

　항상 감사한 마음을 가지고 살아야 한다. 아침에 일어날 때 '좋은 아침이다' 라고 외쳐보는 것도 좋다. 하루를 맞이하면서 자신의 몸에 희망과 환희의 메시지를 불어넣어야 한다. 미국거지들은 손수레에 갖가지 치장을 하고 이어폰을 꽂고 음악을 감상하면서 콧노래 부르며 길거리를 방황한다. 겉보기에는 무척이나 자신의 삶에 만족한 듯해 보인다. 행복의 파랑새를 자신의 손에 움켜쥐고 있는 것처럼 말이다.

　나는 가끔씩 감사할 일을 생각해 본다. 조직의 발전을 위해서 무언가 할 수 있는 기회, 일할 수 있는 정신과 체력, 직장에서 늘 밝은 모습으로 만나는 동료들, 그리고 건강한 모습으로 열심히 살아가는 가족들에 대해 감사의 마음을 가진다. 그 자체가 모두 감사의 덩어리라고 말하고 싶다. 행복을 위한 지혜는 무엇보다 자신이 가진 모든 것에 감사할 줄 알아야 한다. 자신과 함께하는 가족, 친구, 직장, 건강, 돈과 지식에 감사할 줄 알아야 한다. 아내가 여행을 떠나 혼자 있게 되면 비로소 아내의 빈자리를 절감하는 것처럼 한 잔의 차를 마셔도 향기와 맛의 너머에 농부의 정성에 감사하는 마음이 필요하다. 지금 우리의 처지는 대단한 행운임을 절대로 잊지 말아야 한다.

　자신이 불행하다고 생각하면 끝이 없다. 탁월한 재능과 불굴의 의지로 20세기의 거대한 문명을 활짝 열어젖힌 에디슨의 두 아들 모두 거듭 사업에 실패하고 평생을 아버지의 도움에 의지해 근근이 생활했다. 마하트마 간디는 비폭력과 불복종 사상으로 수많은 사람들을 감동시키고 그들을 설득하는 데 성공했지만 큰 아들 할리랄은 일찍부터 아버지와 등을 돌린 채 이 사업 저 사업 손을 대다가 모두 실패했다. 할리랄은 장례식에도 참석하지 않을 만큼 아버지와 소원했고, 그 역시 아버지가 죽은 지 6개월 후에 뭄바이의 요양소에서 폐결핵으로 쓸쓸한 죽음을 맞이했다. 큰 아들뿐만 아니라 간디의 세 아들은 정식교육을 받지 못했다.

성공적인 삶을 살려면 모든 것을 긍정적으로 바라보는 훈련이 있어야 한다. '사랑하면 곰보도 보조개로 보인다'고 했고, '고슴도치도 제 새끼는 예뻐 보인다'는 말도 있다. 하지만 '미운 놈은 그 사돈까지 밉다'고도 한다. 옥(玉)에도 티가 있게 마련이다. 세상을 비딱하게 보면 모든 것이 비딱하게 보인다. 성공하는 자는 99의 어둠 속에서 1의 밝음을 바라보고 행동하는 사람이며, 실패하는 자는 99의 밝음 속에서 1의 어둠만을 바라보고 움직이지 못하는 사람이라고 말한다. 밝은 것을 생각하면 자신이 생기고 마음이 열린다. 항상 긍정적으로 생각할 필요가 있다.

무엇보다 중요한 것은 남들과 비교하면서 살지 말아야 한다. 다른 사람의 내적 능력이 아닌 외적 모습으로 비교하는 것은 삶을 불행하게 할 뿐이다. '배고픈 것보다 배 아픈 것을 더 못 참는다'는 속담이 있다. 남들이 잘 되는 것을 못 본다는 말이다. 공산주의 창시자인 칼 마르크스는 이 '배 아픈' 문제를 해결하기 위해 아예 시장을 없애 버렸다. 그랬더니 떡이 엄청나게 줄어 결국 배가 아프지는 않지만 '배고파서' 못살게 되었다. 결국 너무 배 아파하면 자신도 함께 망하는 꼴이 된다. 사물을 있는 그대로 보려는 마음의 창문이 중요하다.

독일의 세계 최연소 국회의원인 안나 튀어만(23세)은 2005년 12월 우리나라를 방문했다. 그는 우리 젊은이들에게 '투덜대는 대신 행동하라'는 좋은 충고를 하고 떠났다. 우리 청년세대들이 방관하지 말고 스스로 생각하며 선택하고 실천하는 삶의 주체가 되어야 한다는 뜻이다. 또 체념하고 불평만 늘어놓으면 어떤 문제도 해결할 수 없다는 것이다.

큰 사람이 되기 위해서는 대단한 일을 성취하거나 많은 재산·명예가 필요한 것이 아니라 내가 나를 어떻게 생각하는지가 가장 중요하다. 자신에 대한 자존감을 가지고 있어야 자신과 조직이 발전될 수 있다. 모든 것은 마음에 달려 있고 인간은 결국 마음으로 산다. 비좁게 보면 송곳 끝보다 더 비좁고, 넓게 보면 바다보다도 넓은 것이 마음이라고 했다. 그저 밝은 마음으로 오늘도 감사할 것을 열심히 찾아야 삶의 에너지가 생성될 수 있다.

리더의
효율적인
조직 운영

조직의
비전을 만들어라

비전은 비단 개인에게만 필요한 것은 아니다. 조직에는 여러 사람들이 모여 있기 때문에 효과적인 운영을 위해서 비전을 설정하고 전 구성원들이 그것을 공유하고 이룰 수 있도록 하는 것은 필수다. 조직의 비전은 경영의 기본방향을 명백히 해주며, 많은 직원들을 효과적으로 조화를 이루도록 만든다. 리더십 전문가 존 맥스웰*John C. Maxwell*은《리더십의 법칙》에서 "모든 능력 있는 지도자들은 그들이 반드시 성취해야 할 비전을 가지고 있다. 그 비전은 숨어 있는 원동력이며 모든 문제를 해결해 나갈 수 있는 힘이다. 지도자는 비전과 함께 일했다. 사람들을 전염시키듯 고조된 그 정신은 그들 스스로 일어나 지도자 곁으로 나오게 만들었다."고 말하고 있다. 리더의 가장 큰 역할은 조직의 방향을 결정하는 것이기 때문이다. 비전은 리더십의 핵심요소다. 효과적인 비전 만들기를 위해 존 코터*John P. Kotter*는《기업이 원하는 변화의 리더》에서 다음과 같은 견해를 제시하고 있다.

TIP | 07

효과적인 비전의 특징

- 효과적인 비전은 가까운 장래 혹은 꽤 먼 미래에 그 조직이 어떤 일을 하게 되고 어떤 모양이 되어 있을지에 대해 설명해준다.
- 효과적인 비전은 이해관계 당사자들, 즉 고객, 주주, 직원들이 기대할 수 있는 이익에 대해서 명확히 설명해준다.
- 효과적인 비전은 현실적이어야 한다. 비전이라고 하는 것은 듣기에는 그럴싸하지만 실현이 불가능한 환상이 아니다.
- 효과적인 비전이란 목표를 성취할 수 있도록 직원들의 동기를 유발할 정도로 명료하되, 동시에 각자의 독자성을 인정하는 융통성도 있어야 한다.
- 효과적인 비전은 공유하고 전달하기 쉬워야 한다.

조직의 핵심이념을 공유하라

기업마다 설립의 목적이 있고 목표가 있다. 목표가 비전에 가깝다면 구성원들이 함께 공유해야 할 기업 이념가치는 목적에 가깝다고 할 수 있다. 핵심이념이 제대로 정립되지 않았거나 전파되지 않고 있다면 명확히 만들고 전파해야 한다. 핵심이념은 이익을 추구하거나 돈을 버는 일 이상으로 조직을 이끌어주는 등대 역할을 하고 조직원들의 의욕을 고취시키며 긍지를 심어주기 때문이다. 오늘날 초우량기업들은 핵심이념에 철저하면서도 동시에 발전을 추구하고 있다.

핵심이념은 조직원들이 매일 매일 올바른 의사결정을 할 수 있도록 도와준다. 또한 그것은 목표를 추구하는 데 역량을 모아주는 지향점이 되고 안내하는 지침이다. 문제가 잘 풀리지 않을 때는 근본을 찾아서 해결해야 한다. 프로 골퍼도 슬럼프에 빠지면 골프채 잡는 법부터 새로 버운다는 말처럼 문제가 생기면 항상 기업의 핵심 이념을 중심으로 돌아가서 처리해야 한다는 것은 당연한 일이다.

기업의 핵심가치, 목적 그리고 핵심이념의 개념에 대해서는 톰 피터스 · 로버트 워터맨*Robert H. Waterman*은 《초우량 기업의 조건》에서 '핵심가치는 조직의 필수적이고 영속적인 신념이고, 기업의 목적은 단순한 이윤추구를 떠나 기업이 나아갈 길을 제시하는 근본적인 존재 이유이며, 핵심이념은 핵심가치와 목적을 합친 것이라고 정의를 내리고 있다.

또한 잭 웰치는 기업가치 공유에 대한 중요성에 대해서 "기업의 가치를 공유하지 않는 직원들은 내보내라. 설사 현재 그들의 실적이 좋더라도 말이다. 그렇게 하지 못하면 회사가 상황이 어려워질 때 당신은 그 대가를 치러야 한다."고 말했다. 그만큼 기업가치의 공유의 의미가 중요하다는 얘기다. 조직이 큰일을 하느냐 못하느냐를 결정하는 것은 직원에게 주는 보수의 많고 적음에 달린 것이 아니라 기업의 핵심가치를 공유하고 있는 구성원들이 평소 갖고 있는 가치와 신념에 달려 있기 때문이다.

윤석철 교수는 《경영·경제·인생강좌 45편》에서 경영이념은 조직 결속력의 원천이라며 그 중요성을 다음과 같이 말하고 있다.

성공한 혁명에는 만인을 공감시킨 이념이 있다고 역사가들은 말한다. 혁명을 이끄는 에너지가 이념에서 나온다는 말이다. 소련을 중심으로 일었던 공산주의 혁명도 '똑같이 일하고 똑같이 잘 살자' 는 이념의 힘으로 70여 년을 버틸 수 있었을 것이다. 이런 이념은 나라의 정치는 물론 기업의 경영, 개인의 인생에도 중요할 것이다. 문제는 시대와 환경 그리고 조직의 목표에 맞으면서 만인의 공감을 얻어낼 수 있는 이념을 찾아내고 그것을 실현시키려는 것 자체가 쉽지 않다는 데 있다. 그러나 아무리 어려워도 가야할 길은 가야 한다.

이제 조직 구성원 스스로 위치를 명확하게 인식하고 기업 이념가치 형성과정을 중요하게 여기도록 해야 한다. 조직에 대한 올바른 가치를 지니지 못하고, 이념가치에 대한 명확한 개념을 갖고 있지 않은 기업은 숲을 보지 못하고 나무만 보고 달려가는 것과 같다.

상황에 맞게 리드하라

1914년 영국의 탐험가 어니스트 섀클턴은 27명의 대원과 함께 인듀어런스 호를 타고 남극대륙 횡단에 나섰다. 그러나 빙하에 배가 난파되고 말았다. 추위에 발이 썩어들어가고 펭귄을 잡아먹으며 허기를 달래는 등, 극한 상황 속에서 여러 번 죽을 고비를 넘기며 약 1년 5개월을 견딘 끝에 한 사람의 희생자도 없이 극적으로 구조됐다.

극한 상황에서 대원들이 살아남은 것은 모두 탐험대장인 섀클턴의 리더십 때문이었다. 섀클턴은 구조되기까지 대원들에게 지칠 줄 모르는 힘과 창의력, 그리고 영감을 불어 넣는 리더십을 발휘했다. 섀클턴은 신화적 인물로 지난 1,000년 동안 최고의 탐험가 5인에 뽑힐 만큼 추앙받는 지도자다.

인듀어런스호의 경우와 달리 빌흐잘무르 스테팬슨이 이끄는 캐나다 탐험대는 칼럭호를 타고 북극지역 탐험에 나섰다가 역시 난파됐지만, 리더십 부재로 대원들 간 반목과 속임수가 난무해 결국 11명의 대원이 모두 죽음을 맞이하고 말았다.

이것은 얼마 전 한국을 방문해 리더십에 대해 강의를 한 미국 브래드 포드대학의 데니스 퍼킨스*Dennis N. T. Perkins*교수가 한 이야기다. 극한상황에서도 조직원들에게 힘을 불어넣는 리더십이 얼마나 중요한지 우리에게 생생히 들려준다.

고도로 다원화된 현대사회에서는 각 분야에 어울리는 리더십이 필요하다. 자신에게 맞지 않는 사람이 되려하거나 다른 사람의 스타일에 맞출 필요는 없다. 성공한 리더들처럼 자기만의 스타일을 갖고 꾸준한 자기반성을 통해 변함없는 열정과 에너지를 유지하면서 여러 사람을 이끌어야 한다.

짐 콜린스*Jim C. Collins*는 《짐 콜린스의 경영전략》에서 역사적으로 다양한 효율적인 리더십을 소개하고 있다.

세계를 움직인 리더들도 그 유형은 다양하다. 나긋나긋하고 부드러운 말투를 사용한 간디, 우울하면서도 사려 깊은 링컨, 무시무시한 불독 같은 처칠, '철의 여인' 답게 단호하고 완고한 대처, 정열적이고 달변이었던 마틴 루터 킹, 이들은 각양각색의 리더십을 지녔음에도 불구하고 저마다 매우 효과적으로 사람들을 이끌었다.

미국 공군사관학교 리더십 교관이었던 에드거 퍼이어 *Edgar F. Puryear*는 《영혼을 지휘하는 리더십》에서 2차 대전을 승리로 이끈 유명한 장군들의 다양한 리더십을 나열하고 있다. 마셜 장군은 어떤 하급장교에게도 거만하게 굴지 않았고, 경제적으로 어려운 병사 가족들의 생계를 해결해주기도 했다. 또 육군사관학교 강의실을 지었을 때 방 하나 하나에 작업에 참여한 병사들의 이름을 붙여주었다. 부하들에 대한 맥아더의 관심도 전설적이다. 맥아더 장군은 껄끄러운 일은 부하들을 시키지 않고 직접 했으며 자신의 부하가 전사하면 일일이 직접 친필로 유족들에게 편지를 썼다. 또 아이젠하워 장군은 사병의 결혼식에 직접 참석할 정도로 소박했고, 거칠고 도발적인 패튼 장군은 야전병원을 방문할 때면 늘 눈물을 글썽일 정도로 부하들을 아꼈다. 나폴레옹은 부하들의 이름을 잘 외우기로 유명하다. 막사를 돌다가 장교들을 만나면 장교들 이름을 불러가며 인사를 했고, 그들이 참가했던 전투나 작전에 대해서도 즐겁게 이야기를 나누었다. 자신에 대해 그토록 세세히 기억하고 있는 나폴레옹에게 장교들은 감탄하지 않을 수 없었다. 모든 장교는 나폴레옹과의 대화에서 자신을 향한 개인적인 관심을 느꼈기에 나폴레옹에 대한 그들의 헌신은 너무도 당연한 일이었다.

이처럼 목숨을 걸고 총탄이 쏟아지는 전장으로 부하들을 뛰어들게 하는 리더십에도 이처럼 다양한 스타일이 있다. 나름대로의 개성을 살리면서 효율적으로 사람을 관리할 수 있는 리더십을 지녀야 한다.

정보공유를 잘 하라

《구약성서》에 따르면 하나님은 바벨탑을 지어 당신에게 도전하려는 인간을 괘씸히 여겨 언어를 다르게 했다. 이로 인해 커뮤니케이션에 문제가 생겨 인간들은 서로 흩어지게 되었고 바벨탑을 완성하지 못했다고 한다. 이는 커뮤니케이션에 의한 정보공유의 중요성을 보여 주는 가장 오래된 에피소드라고 할 만하다.

정보는 공유할 수록 그 진가가 발휘된다. 정보공유는 조직 구성원에게 한 방향으로 나아가는 공감대를 형성해주고 개별적인 이익을 가져다 줄 수 있다. 구성원들에게 유용한 정보를 제공하면 동기부여가 될 뿐만 아니라 업무에 대해 적극적이고 창의적으로 임하게 되고 책임의식도 높아진다. 성공적인 조직이 되려면 정보가 계속 흘러갈 수 있게 해야 한다. 조직 구성원 중에 누군가가 정보를 제공받지 못해 잘못된 결정을 내리거나 고객에게 불이익을 주어서는 안 된다.

세계적인 컨설팅 업체인 맥킨지 *McKinsey* 에 따르면 성공하는 기업의 CEO들은 현장경영을 통해 원활한 커뮤니케이션 분위기를 조성하는 공통점이 있다고 한다. 그들은 사무실이나 생산라인에 나와 직원들과 격의 없는 대화를 나눈다. 또 회사의 구석구석을 돌아다니고 직원들과 식사도 함께 하면서 많은 직원들의 이름을 외우려고 노력한다. 월마트의 샘 월튼

*Sam Walton*회장도 평소 누구에게도 알리지 않은 채 매장을 방문했고, 많은 경우에는 하루에 10번도 방문했다. 그는 새벽 두시 반에 도넛을 직접 사서 물품 창고의 직원들과 나눠 먹으며 근무 여건에 대해 물어보기도 하고, 예고 없이 배송 트럭을 타고 직접 물류 배송체계를 점검하기도 했다. 이러한 CEO의 현장에서의 경영이 자유로운 대화 분위기를 조성하고 월마트의 성공을 이룬 초석이 된 것이다.

경영자는 다양한 정보채널을 가져야 한다. 공식적인 커뮤니케이션 채널뿐만 아니라 비공식적인 채널도 함께 활용할 때 업무의 균형을 찾고 주변 환경에 능동적으로 대처해 나갈 수 있다. 따라서 경영자의 임무와 관련하여 수직 · 수평 · 기타 조직 안팎의 관계에서 어떤 정보가 꼭 필요한지 알아야 한다. 항상 쌍방향으로 자유롭게 커뮤니케이션할 수 있는 분위기가 필요하다. '사물은 아는 만큼 보인다'는 말처럼 사물 자체가 다른 것이 아니라 사물을 보는 마음의 크기만큼 보인다. 결국 우리가 세상을 살아가는 데 있어서 중요한 것은 사물 자체의 변화가 아니라 그 변화를 볼 수 있는 '마음의 눈'인 것이다. 이러한 마음의 눈을 넓히기 위해서는 다양한 정보습득이 필요하다.

초일류기업으로 각광 받고 있는 3M은 직원들에게 창의적 아이디어를 생산하도록 독특한 환경을 만들어주는 것으로 유명하다. 미네소타주 미니애플리스에 있는 3M의 본사는 사무실을 각 층의 가장자리 쪽에, 직원들의 대화공간을 중앙에 배

치하고 있다. 자연스럽게 직원들이 만날 수 있는 공간을 만들어 창의적 발상을 하도록 돕는 것이다. 이처럼 나도 팀장시절 건물 사정에 의거 부서별 이동이 있을 때는 회의용 탁자를 고집스럽게 가장 중요시 했다. 면적이 좁아서 회의용 탁자 놓을 자리가 없으면 어떻게 해서라도 방법을 찾아냈다. 회의용 탁자는 팀원들이 수시로 모여서 정보를 공유하고 아이디어를 쏟아내는 가장 생산적인 곳이라고 생각했기 때문이다.

권한을 위임하라

하얏트리젠시 시카고의 모든 직원은 명찰에 '저는 고객을 보살펴 드리는 일을 자유롭게 결정할 수 있습니다. 경영진이 저를 지지하기 때문입니다' 라고 쓴 카드를 달고 다닌다. 이 호텔의 직원은 자신의 판단으로 한 명의 고객에게 2,000달러까지 임의로 쓸 수 있는 권한이 있고, 회사는 그 비용을 보상해준다. 이는 융통성 있게 고객서비스를 할 수 있는 권한을 줌으로써 고객의 호텔에 대한 신뢰를 이끌어내는 그들만의 방법이다. 한 마디로 그들은 권한을 위임받은 것이다. 권한위임이란 경영자가 보다 가치 있고 창조적인 일에 집중할 수 있도록 자신의 일을 직원들에게 나눠주는 것이다. 즉 구성원들이 조직을 위해 주요한 일을 할 수 있는 권력·힘·능력 등이 자신에게도 있다는 확신을 심어주는 과정이다. 이러한 권한

위임이 원활해지기 위해서는 권력의 분배가 아니라 증대라는 개념이 바탕이 되어야 한다. 세상에서 돈을 가장 많이 모았다는 월마트의 샘 월튼회장도 자신의 할 일을 '좋은 사람을 뽑아 책임과 권한을 몽땅 맡기는 일'에 집중했다.

브라이언 트레이시는 위임의 중요성을 다음과 같이 말하고 있다. "내가 할 수 있는 모든 것을 해내기 위해서, 그리고 내 인생과 일에 도움이 되는 중요한 일에 집중하기 위해서 위임에 능해야 한다. 내가 사장이건 직원이건 벌고자 하는 수입보다 더 적은 비용으로 일할 수 있는 사람에게 업무를 맡겨야 한다. 나에게 가장 큰 수입을 안겨다 줄 일에 집중하기 위해서 어떤 일을 위임하거나 외부 위탁할 때, 그 일을 맡아줄 사람을 찾는 효과적 방법을 생각해 보아야 한다."

생산성을 높여라

중국에서는 연간 2~3만 마리 닭을 키우려면 온 가족이 달려들어 1년 365일 내내 일해야 한다. 그러나 미국 양계장 농장주는 휘파람을 불어가며 연간 50만 마리를 생산한다. 수익은 당연히 미국 양계장 농장주가 훨씬 많다. 이를 통해 싼 가격에 유통되는 닭고기를 미국 소비자들은 마음껏 즐길 수 있다. 결과적으로 생산농가와 소비자를 모두 기쁘게 해주는 미국 양계산업의 비밀은 '설비 집약적 대량생산'에 있다. 이처럼 우수한 생산성을 갖지 않고서는 '농산물시장의 개방' 이라는 험한 파고를 이겨 나갈 수 없다. 조직도 마찬가지다. 효율적인 생산시스템을 갖지 않고서는 고부가가치를 창출할 수 없다. 정보화시대의 도래와 함께 인적자원의 역량이 중요한 경쟁력의 원천이 되면서 인력을 운용하는 리더의 역할은 더욱 중요해졌다. 10명이 모여서 10명의 몫을 하는 것은 당연하지만, 구성원을 잘 리드하는 사람이 있다면 10명이 모여서 15명 몫의 일도 가능해진다. 결국 합리적이고 전략적인 리더십이 필요하다.

생산성을 높이는 데 필수적인 또 하나의 요소는 우수 기업이나 뛰어난 성과를 내고 있는 사람에 대한 벤치마킹이다. 삼성의 다국적 두뇌집단으로 불리는 미래전략그룹에는 벤치마킹 프로젝트를 담당하는 우수한 인재들이 따로 있다. 그들은 쉴 새 없이 해외 전자업체 관련 최신 뉴스를 찾기 위해 외국 전문서적과 잡지를 뒤적인다. 잠시라도 긴장의 끈을 늦추어서는 안 되기 때문이다.

현재 우리나라에는 많은 외국계 은행이 영업을 하고 있다. 매년 은행원 1인당 매출액과 수익성에 관해 발표하는 통계에 따르면, 그들은 국내 은행들보다 항상 몇 배 앞서고 있다. 그 이유는 선진금융기법 때문이다. 세계화시대에 과연 경쟁력 있는 모델이 무엇이고, 무엇을 벤치마킹해야 하는가에 대해 진지한 학습과 실천이 필요하다.

생산성을 높이는 데 업무집중도 또한 중요하다. 오전 근무

시간은 누구에게나 업무생산성이 높은 시간이다. 머리가 맑고 상쾌한 시간이기 때문에 창의적인 일도 많이 할 수 있다. 이러한 업무집중도가 높은 시간에는 가급적 전화와 방문을 삼가해야 한다. 미국의 파타고니아회사의 제작부서는 업무집중도를 높이기 위해서 사무실 가까이에 '방해하지 마십시오. 8시부터 12시까지 일체 외부인의 출입을 금합니다' 라는 표지를 붙여놓았다. 이처럼 직원들에게 자기만의 몰입시간을 갖게 해야 한다. 확실한 집중력은 생산성의 향상을 낳기 때문이다.

피터 드러커도 일을 처리할 때 업무 집중도를 무척 중요시하는 학자다. 예를 들면 보고서의 초안 작성에도 6~8시간이 소요된다고 하면 한 번에 15분씩, 하루 두 번, 3주 동안 7시간을 들이는 것은 의미가 없다고 말한다. 매번 얻는 것은 낙서만 가득한 메모지뿐이라는 것. 그러나 문을 걸어 잠그고 전화선을 빼놓은 채, 방해 받지 않고 연속으로 5~6시간 동안 보고서 작성에 집중하면 이내 완성된다는 것이다. 따라서 효율적인 생산시스템과 벤치마킹, 업무집중도 등을 통해 생산성을 향상시킬 수 있는 리더십이 필요하다.

2,500년 전 중국의 유학자 노자는 '진정한 리더란 아랫사람들이 큰일을 할 수 있도록 돕는 사람' 이라고 했다. 즉 '우리가 마침내 해냈어' 라고 자랑스럽게 말할 수 있도록 동기를 부여하는 사람이다. 인간은 천성적으로 긍정적인 자아상을

가질 때 뛰어난 능력을 발휘하게 된다. 《짐콜린스의 경영전략》에 소개된 LA다저스의 토미 라소다 *Tommy Lasorda*감독 인터뷰 내용도 동기부여에 관한 좋은 예다.

"기분이 좋을 때 더 많은 능력을 발휘하는 법입니다. 그들을 얼싸안고 등을 두드리는 데서 선수들이 애정을 느끼리라 믿습니다. 사람들은 '연봉 150만 달러가 넘는 선수에게 동기 부여를 할 수 있다고 생각하느냐?' 고 묻습니다. 그럼 저는 이렇게 대답합니다. '미국 대통령에서부터 술집에서 일하는 사람에 이르기까지 사람은 누구나 동기를 부여받고 싶어 한다' 고"

선수들의 능력을 최대한 발휘할 수 있도록 격려하는 기술을 완벽하게 터득한 스포츠 지도자들은 애정을 표현하고 피드백을 주고받는 것이 무엇보다 중요하다는 사실을 한시도 잊지 않는다. 이처럼 인간이 능력 이상의 결과물을 만들기 위해서는 동기가 부여되어야 한다. 또 누구나 동기부여를 받고 싶은 욕구가 있기 때문에 리더는 조직원의 본능에 동기를 부여하는 방법을 알아야 한다. 그리하여 조직의 생산성을 자연스럽게 높일 수 있어야 한다.

머물지 말고 도전하라

그는 뉴욕 브루클린의 빈민가 출신이다. 다닥다닥 집들이 붙어있는 공영아파트에서 남동생, 여동생과 한 방을 쓰면서 케네디공항의 여객기 소음을 듣고 자랐다. 노동일을 하던 아버지가 사고로 발목이 부러져 실직하면서 사정은 더 어려워졌다. 그도 학비가 없어 미식축구 특기생으로 대학을 가야 했다.

이것은 전 세계 7천5백 개 매장을 가진 커피제국 '스타벅스' 하워드 슐츠회장의 얘기다. 불우한 유년시절을 보냈지만 그는 어머니께서 항상 강조한 도전정신과 용기를 잃지 않았다. 스타벅스는 그런 도전정신의 산물이다. 그는 고급 커피에 대한 소비자들의 잠재 욕구를 발견하였고, 이를 충족시키기 위해 단순히 커피만 팔기보다는 커피와 함께 이국적 분위기, 친절한 서비스, 재즈 음악 등 로맨틱한 만남의 장을 제공하는 새로운 사업을 고안하였다. 그 결과 오늘날 스타벅스는 '커피 한 잔'으로 세계를 휩쓸고 있다. 그는 커피 하나에 열정을 받쳤고 긍정적이고 적극적인 경영방식에 자신의 모든 것을 걸었던 것이다.

시대와 경영환경이 크게 변화할 때 큰 물줄기를 파악하지 못하고 소소한 변화에 잔재주로 대응하려 할 때, 과오를 범하고 기회를 놓치는 경우가 있다. 결국 성공과 실패의 차이도

후에 보면 순간의 선택이나 행동에 의해 결정되는 경우가 많이 있음을 알 수 있다. 시저가 로마로 쳐들어갈 때 루비콘 강을 건너면서 한 "주사위는 던져졌다"라는 말과 "결단을 내리지 않는 것이야말로 최대의 해악(害惡)이다"라고 한 데카르트의 말은 모두 후회 없는 결단성의 중요성을 역설한 것이다. 이 결단은 반드시 결심과 실천이라는 조건이 전제해야 한다. '결단'의 신속한 판단 능력은 상황변화에 대한 관찰과 미래에 대한 예측이 앞서야 한다.

'비즈니스'란 문제를 만들어 가는 것이다. 문제를 만든다는 것은 곧 일의 선택이다. 어떠한 일을 하여야 하는지, 지금 하고 있는 일을 어떻게 변화시킬 것인지에 대하여 생각해야 한다. 일을 창조하여 그 문제를 스스로 해결해가는 것이 비즈니스의 기본이다. 자동차 왕 헨리 포드, 컴퓨터 황제 빌 게이츠는 금세기를 대표하는 기업가들이다. 거의 빈손으로 세계적인 기업을 만들어 냈다. 과연 무엇으로 가능했을까. 바로 기업가정신이다. 자금난·인재부족 등 어려움이 많았지만 용기와 결단, 희생의 감수, 솔선수범, 끈질긴 추진력 등을 발휘해 이를 극복했다.

이제 개인이든 기업이든 자신의 역량을 집중해 크고(Big), 위험하고(Hairy), 대담한(Audacious), 목표(Goals)에 대한 집념을 보이는 것이 중요하다. 2005년도 초에 인도의 압둘 칼라 대통령은 "2009년까지 세계 정보통신기술시장의 3.5%를 점유하겠다는 목표를 15%로 상향 조정해야 한다"며, "작은 목표는 범죄"라고 규정하기까지 했다. IT산업에서 떠오르는 인도를 두려운 시각으로 보는 이유도 여기에 있다. 삼성그룹의 이건희 회장도 경영철학 중의 하나가 '목표만큼은 부담을 가질 만큼 크게 잡으라' 는 것이다. 전 임직원이 목표에 대해 공유가치를 함께 느낄 때 목표달성은 보다 쉽게 성취될 수 있다는 것이다. 성공이란 이름은 고독한 결단력, 신선한 아이디어와 함께 강한 정신력으로 무장한 사람들에게만 주어지는 화려한 월계관이다.

민주적인 의사결정을 내려라

현명한 의사결정의 중요성은 아무리 강조해도 지나치지 않는다. 의사결정 하나로 개인과 조직의 운명이 바뀌기 때문이다. 훌륭한 의사결정은 단독으로 이루어지는 것이 아니라 오랜 합의구축 과정을 통해서 이루어진다. 빠르게 변해가는 정보화 세계에서 1인의 의견에 기대려는 것은 위험하다. 다수가 소수보다 더 현명하다는 생각을 믿는 것이 중요하다. 여러 사람이 모여서 의견을 나누면 다양한 정보와 지식이 쌓이므로 사안을 훨씬 더 심층적이고 폭넓게 파악할 수 있다.

의사결정은 미래를 위한 것이다. 미래는 불확실하기 때문에 평소 유용한 지식과 정보의 습득, 그리고 합리적인 의사결정을 위한 훈련이 필요하다. 조직 구성원 간에 의견 교환이

제대로 이루어지지 않는 기업에서는 기울어져 가는 회사의 운명을 되돌리는 데 필요한 에너지나 혁신적인 노력 등을 동원하는 것이 훨씬 어렵다. 삼성의 이건희 회장은 《신사고 신경영》에서 '노력하라', '더 많이 하라', '더 잘하라' 도 아닌 '한 방향' 을 강조한다. 한 방향이 되어야 조직이 살아남을 수 있다는 말이다.

어떠한 민주적 절차에서도 가장 핵심이 되는 기본은 조직 구성원들의 목소리다. 직원들이 말할 수 있는 기회를 최대한으로 주는 것은 변화를 통해 가장 영향 받을 가능성이 있는 사람들을 모두 포함할 수 있도록 참여의 폭을 최대한 넓힌다는 것을 의미한다. 자신의 목소리가 반영되는 것을 느끼게 되면 자연히 비판적인 집단도 생기겠지만, 행동할 수 있는 능력을 제공하는 것과 마찬가지다. 세계적인 인터넷 검색엔진 회사인 구글Google은 종업원들의 의견을 수렴하기 위해 직원회의를 철저하게 운영하고 있다. 매주 금요일이면 여러 사람들의 의견을 모으기 위해 미리 알려진 문제에 대해 질문과 해답을 가지고 조회를 한다는 것이다.

의사결정에 있어서 핵심 포인트는 현실에 대한 올바른 인식과 문제의 정의라고 본다. 그러기 위해서는 정확한 정보가 뒷받침되어야 한다. 피터 드러커는 데이터가 아무리 넘쳐도 데이터베이스 자체는 정보가 아니라고 말한다. 그것은 정보의 원석에 불과하며 기업에 필요한 정보가 원시적이고 혼란

한 상태로 존재한다고 말한다. 의사결정, 특히 전략을 결정할 때 가장 필요한 것은 기업 외부에서 전개되고 있는 상황에 대한 데이터라고 말하고 있다. 기회나 위협, 그리고 성과를 획기적으로 향상시킬 수 있는 요인은 모두 기업의 외부에만 존재하기 때문이라는 것이다.

효과적인 의사결정방법은 우선 의사결정에 필요한 원칙을 분명하게 생각해 두어야 한다. 의사결정의 목적은 무엇인지, 원하는 것이 어떤 것인지를 명확하게 해둘 필요가 있다. 그 다음에 의사결정이 만족시켜야 할 사항을 확정해야 한다. 무엇이 옳고 어떤 것이 해결책인지를 철저히 검토해서 반영시켜야 한다. 진리란 동시대 전문가들의 합의에 불과하므로 기업의 생존논리에 따른 정확한 관점과 상식적 판단이 우선되어야 한다.

회의를 길게 한다고 해서 좋은 것은 아니다. 가급적 회의시간을 정해 놓으면 사소한 것들과 시간낭비 요소들을 제거하게 된다. 경영 컨설턴트인 톰 피터스는 《Wow 프로젝트》에서 '15분 미팅을 마스터하라' 고 주문하고 있다. 문제를 해결할 시간이 15분밖에 없을 때 사람들은 정말 15분 안에 문제를 해결한다는 것이다. 이를 통해 잡동사니, 오만함, 불필요함을 최소한으로 줄이며 문제를 단순하고 간결하게 만드는 법을 배울 수 있다는 것이다. 덧붙여 최대 15분 미팅은 행동, 명확함과 간결함, 집중력, 그리고 단순함에 대한 강력한 메시지라고 강조하고 있다.

　마지막으로 의사결정의 결과에 대해 피드백과정을 꼭 두어야 한다. 철저한 평가와 분석은 더 나은 방법을 약속하기 때문이다. 경영은 수많은 의사결정으로 이루어진다. 문제를 제대로 인식하고 합리적인 대안 선택이 필요하다. 어려운 문제일수록 여러 사람의 머리를 모으는 것이 좋다. 아이디어 창출도 중요하지만 공감대 형성으로 내려진 결정을 함께 추진해 나가는 동력이 필요하다. 불필요한 논의로 열심히 일하는 분위기보다 명쾌한 결단으로 제대로 일하는 조직이 되어야 한다.

글로벌
경영마인드를
가져라

미래를 내다보라

중세 유럽에는 '처녀보험' 이라는 것이 있었다. 계속되는 전쟁 중에 자신의 의사와 상관없이 처녀성을 잃은 여자들을 위로하고 보상하기 위한 제도였다. 보험회사는 처녀성을 지키려는 사람들이 주로 보험에 가입할 것으로 예상했으나 보험 가입자 대부분은 처녀성 유지에 그리 적극적이지 않은 사람들이었다. 보험금을 타기 위해 또는 자유의지로 처녀성을 버린 여자들때문에 보험회사는 막대한 손해를 입었다. 이 이야기는 소비자의 심리를 제대로 파악하지 못한 기업 전략을 빗대어 설명할 때 종종 인용된다. 이는 곧 적절한 전략을 위해서는 다양한 관점의 통찰과 세심한 대책이 필요하다는 말이다. 또한 개인이나 기업, 국가차원에서도 미래를 내다볼 필요가 있다. 보이지 않는 적과 싸우는 시대에 아무런 전략 없이 내가 하는 일만 성실히 하면 된다고 생각하는 사람들은 경쟁사회에서 승리자가 될 수 없다.

《싸우고 지는 사람 싸우지 않고 이기는 사람》을 집필한 서울대 송병락 교수는 전략경영에 대해서 남다른 식견과 열정을 보이는 분이다. 송 교수는 전략이란 남보다 한 발 앞서 미래를 예측하고 나만의 방법을 찾아 실행하는 것이라고 말한다. 그는 일본 최고의 사무라이와 대결할 경우를 예로 들어, 좋은 칼로 싸워 이기려는 것은 '전투적 의사결정' 이고 싸우기 전날 미인계 등 적의 힘을 약화시키는 방법으로 이기려는 것은 '전술적 의사결정' 이며 미국의 페리 제독처럼 사무라이가 넘볼 수 없는 자동 권총과 기관총의 위용을 보여줌으로써 싸우지 않고 승리하는 방법을 찾는 것이 바로 '전략적 의사결정' 이라고 설명한다.

또 그는 파리가 하루 1백km를 날아간다고 하면 의심스럽겠지만 말 엉덩이에 붙어 가면 가능하다며 이른바 '전략적 제휴론' 을 주장한다. 이는 다른 사람의 지혜와 능력을 활용하고자 힘을 합치는 전략이다. 한비자(韓非子)도 세상 사람들을 상·중·하의 세 등급으로 나눌 수 있다면서 하급 인물은 자신의 능력만을 이용하고, 중급 인물은 남의 능력도 이용하며, 상급 인물은 남의 지혜까지 이용할 줄 아는 사람이라고 했다. 또 경제 전쟁에 승자가 있다 해서 반드시 패자가 있는 것은 아니라고 했다. 바꿔 말하면 경제전쟁에서는 모두 승자가 될 수 있다는 뜻이다. 이처럼 전략은 미래를 내다보고 경쟁자와 다른 자신만이 할 수 있는 방법을 찾아내야 한다.

《손자병법》에 따르면 전략이란 생존에 중요한 역할을 하며 안전과 존망에 영향을 미친다고 했다. 이 말은 어떠한 경우라도 전략을 소홀히 여겨서는 안 된다는 뜻이다. 피터 드러커도 전략의 중요성을 항상 강조하고 있다. 그는 미래를 예측하는 가장 좋은 방법으로 전략을 세우라고 한다. 전략이야말로 미래를 만드는 핵심 요소이며, 전략적 사고와 기획은 미래를 내다볼 수 있게 한다.

투명하게 경영하라

투명경영이란 경영상 이루어지는 일들을 주주들이나 직원, 일반인들이 알 수 있게 투명하게 공개하는 경영을 말한다. 이제 기업들이 대외적인 경쟁력을 갖기 의해서 투명경영은 필수조건이다. 기업 투명성은 소비자에게 줄 수 있는 핵심가치일 뿐만 아니라 경쟁 기업과 차별화할 수 있는 핵심역량이기 때문이다. 우리 사회는 모든 것을 공개할 수 있어야 하는, 그리고 모든 것이 공개돼야만 하는 상황으로 바뀌고 있다. 모든 것을 투명하게 드러내는 크리스탈리즘*crystalism*으로 기업이 체화될 때 미래를 이끄는 또 하나의 핵심 역량을 획득할 수 있는 것이다. 사실 솔직한 행위도 재주다. 어떻게 보면 그만큼 정직하고 뱃심이 있다는 뜻이기 때문이다.

유한킴벌리 문국현 사장은 투명경영을 강조하는 경영자다. 투명·윤리경영 덕분에 노조와 사회로부터 신뢰를 얻었고 그 같은 '사회적 자본'에 힘입어 '유한 킴벌리의 개혁'이 성공할 수 있었다. 그의 성공적인 투명경영의 추진배경과 내용에 대해 정리해 보면 다음과 같다.

유한킴벌리는 유한양행과 다국적 회사인 킴벌리 클라크가 합작해 1970년 세운 생활 위생용품 전문회사다. 70년대에는 시장을 주도했으나 위생용품 시장의 경쟁이 거세지면서 위기를 겪었다. 여성용품 시장 점유율이 95년에는 18%까지 떨어져 이 사업을 접어야 할 단계까지 몰렸다. 95년 소방수로 나선 문 사장은 "회사는 지분을 팔려고 했었고 직원들은 불난 집에서 서로 빠져나가려고 아우성을 쳤으며, 공장에서는 노조의 꽹과리 소리가 떠나지 않았다"고 당시를 회상했다. 그는 가장 먼저 '투명?윤리경영', '환경경영', '4조 교대 근무'를 통한 직장 내 평생학습 등 3가지 개혁 프로그램을 내세워 회사분 위기를 다잡아 나갔다. 판공비를 없애고 술?골프?선물 접대를 금지했다. 그랬더니 대형 유통 매장에서 쫓겨나고 매출은 떨어졌다. 영업사원들은 신임 사장이 회사를 망친다고 볼멘소리를 했다. 문 사장은 직접 물건을 들고 약국과 독립 슈퍼를 들아 다녔다. 직접 마케팅 작전을 편 것이다. 그러자 서서히 판매 저변이 튼튼해졌다. 결국 대형 유통업체들도 돌아왔다. 노조에게는 모든 것을 공개했다. 자료 10개를 요구하면 100개를 안겨줬다. 내부의 불신이 사라지고 신뢰가 싹텄다. 문 사장은 "이제 노조가 경영자료를 보자고도 안한다"고 말했다.

문국현 사장은 항상 기본을 얘기했다. 남들은 거래처에 유흥이나 학연, 지연으로 접근하지만 그는 무엇보다도 전문성으로 접근해야 한다고 항상 강조했다. 기본으로 돌아가기 위한 혁신운동을 끊임없이 전개해 나간 것이다. 그는 '원칙 없이는 혁신도 없다'고 했다. 성공을 위해서는 가장 먼저 존경받는 기업, 영속기업으로의 성장을 위한 전제조건이 구축되어야 한다는 것이다.

미국의 GE는 투명성 부문에 'No second chance'라는 모토를 가지고 있다. 한마디로 업무 성과가 미흡하면 다시 기회가 있지만 만일 정직성에 있어서 하자가 생기면 두 번의 기회가 없다는 것이다. 이것이 바로 초일류기업인 GE의 윤리경영에 대한 모토다.

윤리경영의 힘

옛날부터 청렴은 수지맞는 장사라고 한다. 다산 정약용선생은 '청렴은 온갖 선(善)의 원천이며 모든 덕(德)의 뿌리라고 정의했다. 그는 ' 청렴은 천하의 큰 장사 '라고 했다. 욕심이 큰 사람은 반드시 청렴하려 한다는 것이다. 사람이 청렴하지 않는 것은 그 지혜가 짧기 때문이라고도 했다. 왜냐하면 청렴으로 이름을 얻게 되면 상관의 신임이 두터워지고 주변 사람들의 존경을 한 몸에 받게 되니 수지맞는 일이라는 것이다. 거기에다 승진도 잘되고 좋은 직위에도 앉게 되며 퇴직 후에도 오랫동안 사람들의 입에 오르내리기 때문이다. 심지어 사후에는 '청백리 집안' 으로 표창되어 자손에게 그 영예가 전해지니 몇 갑절로 이윤이 남는 장사가 아니겠는가? 더구나 늘 마음이 편하고 누구에게나 떳떳하게 대할 수 있으니 정신적 건강도 누릴 수 있다.

요즘 기업도 마찬가지다. 기업경영이 투명하고 도덕적으로 신뢰를 받는 기업들은 더욱 소비자의 사랑 속에 충성도가 높은 고객을 많이 갖게 된다. 그래서 '기업윤리가 돈을 벌어준다(Ethics Pay)' 는 논리가 성립하는 것이다. '윤리' 를 거꾸로 하면 '이윤' 이 된다는 것이 참 아이러니하다. 최근에 일부 은행에서는 윤리경영이 일정 수준 이상인 기업에는 대출 금리를 약간씩 깎아준다며 공표하고 있다. 윤리경영을 하는 회사는 이익도 많이 내고 각종 리스크를 감소시켜 대손충당금도 줄일 수 있기 때문이라는 것이다.

세계 최고(最古) 장수기업은 일본 오사카에 있는 곤고구미(金剛組) 회사이다. 이 회사는 정직하고 신뢰성 높은 회사로 널리 알려져 있다. 한국경제신문(2004, 12. 20)에서는 '지구촌 장수기업'의 비결과 관련하여 이 회사를 다음과 같이 소개하고 있다.

일본 곤고구미(金剛組) 회사는 서기 578년에 창업해 올해로 1천4백27년째를 이어오고 있다. 일본 오사카에 본사를 두고 있는 이 회사는 불교사찰, 신사, 성(城) 등 목조건물 전문 건축업체로 최근에는 사무실, 아파트, 빌딩, 개인주택 등 현대식 건물도 짓고 있다. 종업원 1백50명에 연 매출액은 1천억 원 정도다.

곤고구미의 창업자는 578년 일본 쇼토쿠(聖德) 태자의 초청으로 백제에서 건너온 건축기술자 유중광(일본명 곤고 시게미쓰)으로 그는 593년 일본 왕실의 명을 받아 일본 최고 사찰인 사천왕사를 건립했다. 이어 쇼토쿠 태자가 사천왕사의 보수 관리를 요청함에 따라 백제로 귀국하지 않고 일본에서 사업을 지속하게 됐다.

1천4백여 년간 40대를 이어온 곤고구미는, 그러나 1년에 1백 채 남짓한 건축물만 지으며 연간 매출액을 1천억 원 수준에서 유지하고 있다. 회사능력에 비해 공사를 많이 할 경우 부실화될 위험이 높다는 이유에서다.

곤고구미는 '보이는 것보다 보이지 않는 곳에 더 충실하라' 는 기업이념을 갖고 있다. 그런 까닭에 곤고구미는 겉으로 드러난 곳보다는 천장 등 보이지 않는 곳에 더 비싼 건축자재를 쓰는 것으로 유명하다. 지난 1995년 고베 대지진이 발생해 수많은 건축물들이 파손됐을 때 곤고구미가 지은 계광원 대웅전은 서까래가 일부 뒤틀린 것을 제외하면 온전한 모습을 유지해 일본에서 화제가 됐다. 뒤틀렸던 서까래도 1년 만에 원상회복돼 '기본에 충실하라'는 곤고구미의 경영철학이 새삼 일본열도를 감동케 했다. 이 같은 이유로 일본 오사카 건축협회 후쿠모토 부회장은 "곤고구미가 흔들리면 일본 열도가 흔들린다"고 칭송하기도 했다.

필자는 농협연수원에 근무하면서 많은 강사의 명강의를 접했다. 그들이 말하는 주요 메시지는 새롭게 변해야 하며 열심히 살면서 존경받고 사랑받는 사람이 되자는 내용이다. 또한 가족이나 주변사람들에게 존경 받는 사람이 되자는 것이다. 결국 가까운 곳에서 기초적인 문제에 대한 윤리의식이 확립되면 다른 일에도 같은 영향을 미치기 때문이다. 개인뿐만 아니라 기업도 어떤 행위에 대한 윤리성 여부를 실무적으로 쉽게 판단할 수 있는 기준이 필요하다. 기업마다 차이는 있겠지만 기본적으로 종업원의 윤리적 행동기준이 반영되어야 한다. 어떠한 일이든 그러한 윤리기준을 가지고 있다면 인생을 살아가는 데 많은 도움이 되리라 생각한다.

세계로 눈을 돌려라

2005년 가을 무렵, 필자는 유럽 5개국(영국, 프랑스, 이탈리아, 스위스, 독일) 연수를 하고 돌아왔다. 처음 방문해보는 유럽이지만 많은 것을 느낄 수 있었다. 그 중 가장 큰 인상을 받은 것은 관광산업이다. 매년 유럽인구보다 많은 수의 관광객들이 매년 유럽을 다녀간다. 덕분에 유럽 대부분의 국가들은 GNP에서 관광수입이 차지하는 비중이 크다. 관광수입이 높다는 것은 관광객들이 감동을 느끼고 배울 만한 문화유적지가 잘 보존되어 있다는 얘기다. 기원전부터 산업문화가 활발했던 나라들인 만큼 장인정신의 건축기술과 역사유물의 보존기술에 관해서 배울 점이 많다. 이탈리아 밀라노에 있는 두오모성당은 건축기간이 무려 460년이나 걸렸고, 지금도 로마에서는 로마제국의 유적들을 문밖 10m만 나가도 볼 수 있을 만큼 잘 보존되어 있다. 유럽의 어느 곳을 가더라도 웅장함과 정교함으로 어우러진 유명한 건축물들이 잘 보존되고 있음을 알 수 있었다. 이처럼 건축물 하나를 짓더라도 시간에 구속받지 않고 완벽함을 추구하는 장인정신과 유물들을 보존·관리하는 기술을 배워야 한다.

유럽 방문 중 눈에 띄었던 것이 한 가지 더 있다. 고색창연한 길거리에서 만난 우리나라 기업들의 제품들이 그것이다. 유럽의 거리를 달리고 있는 현대의 투스카니, 기아의 소렌토, 대우의 마티즈 등들 보고 연수단 일행은 '야! 우리 차다' 라고 외치며 코리아의 위대함을 느꼈던 기억이 아직도 생생하다. 바티칸 성당입구 주변의 주택에도 LG, 삼성의 에어콘이 빌라와 아파트의 베란다에 설치된 것을 보고 우리제품의 높은 위상을 알 수 있었다. 실제로 백화점에서 한국제품들이 당당히 앞 쪽에 진열된 것을 보고 그 위상을 짐작할 수 있었다. 또, 유럽 청소년들은 삼성 핸드폰을 갖는 것이 꿈이라고 공공연히 말하고 있었다.

이제 글로벌 시대에 발맞춰 해외시장에서 승자로 남기 위한 경영마인드를 가져야 한다. 우리의 지혜와 정교한 IT기술에 대한 인식은 해외에서 기대 이상으로 높게 형성되어 있다. 또 언제나 할 수 있다는 자신감과 도전적인 기업가정신은 우리의 강점이 되고 있다. 이러한 코리아브랜드의 자부심을 갖고 새로운 시장을 찾아나서는 혼신의 노력을 기울여보자. 앞서 예를 든 전자산업뿐만 아니라 수출을 통해 전세계를 사로잡을 아이템을 찾아야 한다. 그러기 위해서는 세계를 가슴속에 담고 있어야 한다. 해외진출이 쉬운 일은 아니지만 우리의 국력을 키워 나가는 중요한 수단이다. 스위스 제네바에서 열린 세계경제포럼(WEF)에서 각 국가의 2005년 경쟁력 순위를 보면, 부존자원이 빈약한 인구 500만의 핀란드가 미국을 제치고 1등을 차지했다. 밴텀급의 핀란드가 헤비급인 미국을 제치고 1등이 되었던 밑바탕에는 기업활동의 자유를 최대한 보장하는 '글로벌리즘' 이 있었다. 이처럼 세계를 향한 자신감과 끊임없는 개척정신이 필요한 때다. 시야를 해외에 맞춰

라. 미지의 개척지가 우리를 기다리고 있다.

5년 후를 준비하라

세상이 너무 급박하게 변하고 있다. 직급과 서열의 파괴현
상은 토종기업들에서도 나타나고 있다. 어제까지 함께 일한
동료가 오늘은 임원이 되어 가까이 하기에는 너무 먼 당신이
되기도 한다. 그래서인지 동료들과 격의 없이 소주 한 잔하는
모습이 사라지고 있다. 이런 변화는 가정에도 영향을 미쳐 퇴
근하고 집에 오면 아내의 얼굴이 전처럼 밝지 않다. 장바구니
에 물건 담는 것이 조심스러워진 이유도 있지만, 마치 ‘오늘
도 무사히 보냈어요?’ 라고 묻는 얼굴같다. 통계에 따르면 조
기이직을 제외한 직장의 평균 근무기간이 12년이라고 한다.
이제 한 직장 20년은 전설이 될지 모른다. 실제로 50대까지
직장생활하는 사람은 신(神)에게 선택받은 사람이라고 말할
정도다. 어제까지 잘 나가던 기업이 오늘 쓰러지고, 안락했던
가정도 생계 걱정을 할 형편이다. 이러한 시대의 변화에 적응
하기 위해 미래를 전망하고 개인과 조직을 재정비할 필요가
있다. 개인과 조직은 서로 밀접하게 연관되어 있으므로 함께
발전할 수 있는 길을 찾는 것이 가장 이상적이다. 또 직업은
개인의 생계유지 수단을 넘어 자신을 세상에 드러내는 표현
수단이기도 하다. 그렇기 때문에 개인의 경쟁력이 곧 조직의

경쟁력이며, 개인의 성공이 조직의 성공이기도 하다. 이처럼 글로벌 시대를 살아가는 조직의 구성원으로서 갖춰야 할 경영 마인드는 회사에서 국가까지 모두 적용이 가능하다. 따라서 시대의 변화상을 개인과 조직에 연계시킨 깊은 통찰력이 필요한 때다.

미국 인디언 속담에 '독수리는 떼 지어 날지 않는다' 는 말이 있다. 즉, 독수리처럼 혼자 날면서 멀리 내다보는 사람에게 리더로서 자질이 있다는 의미다. 자신의 비전을 명확히 알고 스스로를 경영하는 사람이 성공한다. 다시 말해 정말 무엇을 원하는가를 알고 시간과 열정을 얼마나 쏟는가에 따라 승패가 결정된다. 이제 동료와의 경쟁보다 개인의 가치를 높이는 데 집중해야 한다. 새로운 기술과 커뮤니케이션 방법을 배워 자신의 가치를 높이고 어떤 일이든 할 수 있다는 유연한 자세를 가질 때 진정한 프로페셔널이 될 수 있다. 언제 어디서나 인정받는 인재가 되겠다는 목표를 세우면 그것은 개인의 성취감은 물론 조직의 생산성과도 직결되는 성공적 삶이 될 것이다.

5년 앞을 내다보자. 디지털 세상에서 10년은 너무 긴 세월이다. 복잡한 시대일수록 상황을 파악하고 시간을 단축하는 효율적인 행동이 필요하다. 제한된 시간자원을 어떻게 활용하느냐에 따라 인생의 성패가 좌우된다. 곧 은퇴를 앞둔 사람은 더욱 그렇다. 조직을 떠나고 나면 자신을 대하는 시선도 달라지고 넓은 광야에 홀로 서 있는 기분이지 않겠는가?

쥐는 30초, 원숭이는 90초 앞의 일밖에 생각할 수 없다고 한다. 그에 비해, 인간은 지구와 우주의 종말까지도 예측하는 능력을 지녔다. 그러한 인간의 예측력을 바탕으로 이상적 미래상을 그려본 후 실천방안을 세워 수행해야 한다. 샐러던트 족이라고 들어보았는가. 샐러던트란 샐러리맨과 스튜던트의 합성어로서 직장생활을 하면서 석·박사 등 학위나 자격증을 따려고 공부하는 사람을 말한다. 요즘 대학이나 학원가에 이런 샐러던트 족이 넘쳐난다고 한다. 지식기반의 사회에서 개인차원의 직업과 학업이 통합되고, 사회차원의 노동과 교육이 통합되는 현상이라 할 수 있다. 이는 곧 평생학습이 심화되고 있음을 증명한다.

미래상을 그리는 데 있어 자신이 성공할 것이라고 자기최면을 거는 것도 중요하다. 예를 들어, 자신이 목표를 달성하는 순간을 상상해 보라. 그렇게 자신에 대한 긍정적인 그림을 마음속에 반복해서 그리는 것은 운동선수들이 경기 전에 가지는 마음의 리허설과 같은 예행연습이다. 자신이 최선을 다해 업무를 수행하는 모습을 편하게 상상할 수 있다면 그런 명령들은 잠재의식 속에 자리잡고 내 생각과 행동의 일부가 될 것이다.

이제 당신은 변화의 중심에 섰습니다

우리 주변에는 성공하기 위한 많은 메시지들이 있다. 그 메시지들을 접하고 메시지가 의도하는 대로 수행한다면 누구나 성공을 거두는 것이 마땅하다. 그럼에도 불구하고 성공하는 사람은 많지 않다. 그것은 그 사람의 마음이 진정으로 변화하지 않았기 때문이다. 서두에 밝힌 것처럼 자신이 변화의 중심에 있는지를 먼저 확인해야 한다. 각 개인에게 변하고자 하는 마음이 있어야 성공을 위한 메시지들도 빛을 발할 수 있기 때문이다. 그러한 변화의 마음을 가진 개인은 조직을 변화시키고, 또 변화한 조직은 국가를 초월한 글로벌 경영마인드를 갖춘 초일류기업으로 변화하게 된다. 따라서 이러한 상관관계의 스타트라인에 있는 개인으로서 변화의 중추적인 역할을 수행할 필요가 있다. 마치 솔개가 고통을 참으며 변신해 제2의 생을 산 것처럼 말이다. 남들과 똑같이 살기를 거부하는 솔개와 같은 열정이 필요한 때다. 그런 성공에 대한 열정을 찾길 바라는 사람들을 위해 책을 내놓았다. 성공을 위한 자기계발이 익숙하지 않은 사람에게는 입문서같은, 또 자기계발에 많은 관심을 가졌던 사람에게는 다시 한번 정리를 하는 계기가 되었으면 한다.

이 책이 담고 있는 많은 행동지침들은 현 시대에 회자되고 있는 필수키워드들이다. 키워드들이 너무 많다고 겁먹지 마라. 또 이 책의 메시지들을 전부 기억할 필요는 없다. 다만 스스로 성공에 대한 동기부여를 하고 변하고자 하는 마음이 생긴다면 그것으로 충분하다. 책의 내용은 그 다음에 기억해도 늦지 않다. 중요한 것은 메시지가 아니라 자신의 마음이 변화할 것인지 아닌지를 결정해야 한다. 마음에서 변화를 받아들일 때 도움이 되는 메시지들을 찾아 꺼내 보기만 하면 된다.

이제 변화를 시도하라. 더 이상 현실에 안주하며 남들과 똑같은 인생을 사는 실수를 하지말고 열정적으로 자신을 변화시켜 성공하는 리더가 되도록 새로운 인생에 뜨겁게 KISS하자!

감사의 글

처음으로 집필하는 글이라 여러 가지로 부족한 점이 많지만 넓은 아량으로 이해해주시길 바란다. 또 이 책이 나오는 데 많은 도움을 주신 분들께 감사의 말씀을 전한다. 우선 경영학박사과정을 밟는 바쁜 와중에도 필자에게 많은 가르침과 지혜를 주신 상명대학교 이명식 지도교수님을 비롯한 본 대학의 경영학과 교수님들께 깊은 감사말씀을 전하고 싶다. 또 세심하게 원고를 검토해준 농협중앙회 안성교육원 고영수 교수님께도 감사를 드린다. 그리고 필자에게 장기간의 교육기회를 제공하여 이 책을 집필할 수 있는 동기와 시간을 배려하여 준 나의 직장인 농협중앙회에 깊은 감사를 드린다. 또한 이 책이 세상의 빛을 보도록 도와주신 한언출판사 김철종 사장님과 용기를 북돋아주신 농촌사랑지도자 연수원 이상영 원장님께 감사의 말씀을 올린다.

끝으로 지금은 고인이 되신 어머님과 늘 외로움으로 힘든 생활을 하고 계시는 아버님, 또 사랑스런 아내와 든든한 모습으로 국토방위에 임하고 있는 아들 승빈, 종빈에게 이 책을 바친다.

지은이

박 영 일

한국 관광공사가 선정한 외국인 민박(homestay)을 통해 10개국 30여명의 외국인을 맞이한 민간외교관역할을 한 바 있으며 성균관대학교 회계학과를 졸업한 후, 중앙대학교 산업경영대학원에서 석사학위를 받고 상명대학교 대학원에서 경영학 박사과정을 수료하였다.

농촌과 농업의 발전을 위한 '선진 농업인의 자세' 라는 주제로 농협·농업인 단체를 대상으로 강의했으며 '기업윤리경영' 에 대해서 상명대학교 강사로 활동했다. 그리고 한국금융연수원에서 '성공적인 삶의 태도' 에 대해서 강의한 바 있다.

농협중앙회 검사부, 농촌지원부, 여의도지점 및 안성교육원에서 근무하였으며, 현재 농촌사랑 지도자연수원에서 '농촌사랑의 중요성과 역할', '농촌가치를 상품화하는 마케팅전략' 에 대해서 마을지도자와 도시소비자, 기업체 임직원들을 대상으로 강의를 하고 있다.

한언의 사명선언문

Our Mission — · 우리는 새로운 지식을 창출, 전파하여 전 인류가 이를 공유케
함으로써 인류문화의 발전과 행복에 이바지한다.
— · 우리는 끊임없이 학습하는 조직으로서 자신과 조직의 발전
을 위해 쉼없이 노력하며, 궁극적으로는 세계적 컨텐츠 그룹
을 지향한다.
— · 우리는 정신적, 물질적으로 최고 수준의 복지를 실현하기 위
해 노력하며, 명실공히 초일류 사원들의 집합체로서 부끄럼없
이 행동한다.

Our Vision   한언은 컨텐츠 기업의 선도적 성공모델이 된다.

HanEon's Mission statement

Our Mission — · We create and broadcast new knowledge for the
advancement and happiness of the whole human
race.
— · We do our best to improve ourselves and the
organization, with the ultimate goal of striving to
be the best content group in the world.
— · We try to realize the highest quality of welfare
system in both mental and physical ways and we
behave in a manner that reflects our mission as
proud members of HanEon Community.

Our Vision   HanEon will be the leading Success Model of the
content group.